妈妈有边界
孩子更自律

孙玉忠 ◎ 编著

北方妇女儿童出版社
·长春·

图书在版编目（CIP）数据

妈妈有边界 孩子更自律 / 孙玉忠编著. -- 长春：
北方妇女儿童出版社, 2024. 8. -- ISBN 978-7-5585
-8734-4

Ⅰ . G78

中国国家版本馆CIP数据核字第20247QR642号

妈妈有边界 孩子更自律

MAMA YOU BIANJIE HAIZI GENG ZILÜ

出 版 人 师晓晖

策 划 人 陶 然

责任编辑 孟健伊

装帧设计 天下书装

开 本 720mm×1000mm 1/16

印 张 10

字 数 200千字

版 次 2024年8月第1版

印 次 2024年8月第1次印刷

印 刷 阳信龙跃印务有限公司

出 版 北方妇女儿童出版社

发 行 北方妇女儿童出版社

地 址 长春市福祉大路5788号

电 话 总编办：0431-81629600

定 价 42.80元

许多妈妈在面对孩子的不自律行为时，往往感到困惑和无奈，却很少从自身出发去寻找问题的根源。事实上，孩子的不自律往往与妈妈在亲子关系中缺乏明确的"边界"设定有关。那么，在亲子教育中，如何理解并设定相关的"边界"呢？

首先，我们要明确"边界"并非意味着冷漠或疏远，而是一种在尊重孩子个性的基础上，为孩子设定的行为规范和价值观。这些边界就像道路上的交通信号灯，告诉孩子哪些行为是绿灯通行的，哪些行为则是红灯禁止的，从而为他们创造一个安全、有序的成长环境。

当孩子身处这样一个有清晰边界的家庭环境中时，他们更容易学会自律。自律意味着孩子能够自觉地遵守规则，不需要外界的监督和催促。妈妈通过日常生活中的言传身教，让孩子明白哪些行为是允许的，哪些行为是不被接受的，这样孩子就会逐渐形成自律的习惯。

同时，设定边界还能激发孩子的责任感。当孩子明白自己的行为会有明确的后果时，他们会更加谨慎地行事，避免"闯红灯"。这种责任感会促使他们更加自律，努力遵守规则，从而避免受到惩罚。

此外，有边界的教育方式还能培养孩子的独立性。在设定边界的过程中，妈妈应鼓励孩子独立思考、自主决策。当孩子逐渐习惯在边界内自由行动时，他们会变得更加自信，敢于面对生活中的各种挑战，形成自己独特的个性。

当然，设定边界并不意味着完全剥夺孩子的自由。在设定边界时，妈妈要充分考虑孩子的年龄、性格和兴趣等因素，为他们提供适当的自由度。只有这样，孩子才能在遵守规则的同时，充分发挥自己的潜力，从而健康成长。

为了让妈妈们更好地了解边界，我们特意编写了这本书。它能帮助妈妈们设定边界，培养出更加自律的孩子。

CONTENTS
目 录

第三章　帮助孩子提升时间管理的能力

第四章　如何确立正向的亲子关系

第五章　如何提升孩子的自控力与抗挫力

第一章

帮助孩子养成良好的学习习惯

孩子想要实现自己的梦想，养成良好的学习习惯至关重要。在这个过程中，妈妈的陪伴和引导是不可或缺的。妈妈的陪伴能够给予孩子足够的关心和支持，让他们感到被理解和鼓励。只有这样，孩子才会更有动力去学习和探索，养成积极的学习态度。同时，妈妈的引导也必不可少，可以帮助孩子培养正确的学习方法。

透过孩子写作业的姿势，
洞悉孩子的内心需求

很多孩子在写作业时，姿势问题确实令人担忧，如弯腰驼背、低头写字等。即便妈妈多次提醒，他们也难以长时间保持正确的坐姿。这不仅会影响作业质量，还可能对孩子的身体健康造成长期影响。作为妈妈，这个问题应该如何解决呢？

在解决孩子写作业姿势不正确的问题之前，我们首先需要深入评估。孩子的坐姿问题是长期形成的习惯，还是只在写作业累时的一种短暂的放松行为？这需要我们细心观察和耐心分析。其次，我们要反思自己的态度是否过于严厉或焦虑。每个孩子都有自己的成长节奏，需要我们的理解和引导，而不是简单地指责和批评。

孩子行为失控，常源于内心对归属感和价值感的缺失。心理学家阿德勒认为，孩子犯错的目的可能是过度索求关注、追求掌控感、寻求报复或是陷入自我放逐。只有洞悉这些动机，我们才能走近孩子的心灵，引导他们回归正道。

说了多少次要坐直了写作业！

我只是坐累了，想休息一下。

王力经常在课堂上大吵大闹，或是和同学打架斗殴。尽管他的父母多次对他进行严厉的训斥，但没有任何效果，他反而越来越叛逆。直到有一天，学校新来了一位心理辅导老师。她注意到王力虽然外表强硬，但眼神中透露出一丝迷茫和无助。经过与王力的深入交流，老师了解到他家庭环境复杂，父母忙于生计，很少抽时间陪伴他。在学校，他也因成绩平平而备受冷落。王力觉得自己像个弃儿，既不被家庭温暖包围，也不被学校接纳。了解到这些后，心理老师开始鼓励王力积极参加课外活动，逐渐建立自信。同时，心理老师也与王力的家长进行了沟通，提醒他们要关注孩子的情感需求。随着时间的推移，王力变得开朗起来，他开始积极参与课堂活动，与同学们和睦相处。

由此可见，孩子行为失控的背后，往往隐藏着对归属感和价值感的渴望。只有当我们真正理解并满足他们的情感需求时，才能引导他们走上正确的道路。

深度解读孩子的错误行为：实用工具助你洞悉背后动机

在面对孩子的错误行为时，大多数妈妈会选择责备和惩罚，但这治标不治本。深入了解孩子犯错背后的原因，才是解决问题的关键。孩子之所以犯错，往往源于他们内心的某些需求未能得到满足。他们可能是在寻求关注，希望家长能够多关心自己；也可能是在追求权力，试图通过反抗来彰显自己的存在感。有时候，孩子犯错是为了寻求报复，因为他们在某些方面受到了伤害；自暴自弃则是孩子感到无助和失落时的一种表现。

了解这些原因，不仅有助于我们更深入地理解孩子的内心世界，还能引导我们采取更为精准和有效

的教育策略。我们应当关注孩子的需求，尊重他们的感受，通过积极的沟通和引导，帮助他们建立正确的价值观和行为习惯。只有这样，才能培养出健康快乐、有责任感的孩子。

孩子应激时的处理：用心沟通与尊重是关键

很多时候，当我们试图指出孩子的不当行为时，他们可能会立刻产生反抗，认为我们是在束缚他们，于是开始表达不满，甚至顶嘴。这种情况下，我们首先应耐心地倾听孩子的想法，理解他们的感受。随后，以平和的态度解释其行为为何不当，并引导他们认识错误。在沟通的过程中，父母可以与孩子共同商讨并制定规则，让他们感受到参与和决策的权利，从而减少抵触情绪。尊重与理解是建立良好亲子关系的基础，让我们以爱心和耐心陪伴孩子，共同面对成长中的挑战。

倾听孩子的心声，化解伤痛与叛逆

当孩子觉得心里受伤时，他们可能会变得更加叛逆，甚至想要报复。作为父母，我们需要知道，这种叛逆其实是他们受伤后的一种反应。所以，我们要用心去倾听孩子的心声。找个安静的地方，坐下来和孩子好好聊聊，让他们感受到我们的关心和体贴。在倾听的时候，别急着插话或者给建议，让孩子说出自己的想法和感受。通过倾听，我们能更好地了解孩子的心声，知道他们的所想所需。随后，我们需要找到合适的方法，帮助孩子化解伤痛和叛逆。

　　小华是个内向的孩子，最近却变得异常叛逆，常常与父母发生冲突。父母无法理解，为何曾经乖巧的小华会变得如此难以相处。一天深夜，妈妈决定与小华进行一场深入的对话。她坐在小华的床边，轻声细语地与小华沟通。小华沉默了许久，终于开口了。原来，他在学校遭受了同学的欺凌，而父母忙于工作，从未察觉。他感到孤独、无助，只能用叛逆来掩饰内心的伤痛。妈妈听后，心如刀绞。她深感自己的失职，没有及时发现并保护孩子。她紧紧抱住小华并承诺，以后会更加关心小华，成为他坚实的后盾。自那夜起，小华逐渐走出了阴影。他开始敞开心扉，与父母分享自己的喜怒哀乐。小华的父母也更加注重与小华的情感交流，给予他更多的关爱和支持。

以鼓励之光，照亮孩子前行的道路

　　当孩子陷入自暴自弃的泥潭时，批评和指责只会加重他的心理负担，使他进一步陷入黑暗的深渊中。此时，作为父母，我们应当摒弃责备，转而用鼓励的言语和行动，为孩子照亮前行的道路。鼓励是孩子心灵的阳光，能够驱散他们内心的阴霾，帮助他们找回自信。我们要细心观察孩子的优点和取得的进步，及时给予肯定和鼓励，让他们感受到自己的价值和能力。同时，我们还要引导孩子正确地看待挫折和失败，教会他们从中吸取教训，积累经验，为未来的成功奠定基础。

有什么问题都可以和我说。

我觉得自己好失败。

强化孩子的专注力，
让专注成为一种习惯

在教育孩子养成良好习惯的过程中，我们应牢记"专注一事"的准则。过于繁杂的要求只会让孩子感到手忙脚乱，难以取得理想的效果。我们要耐心观察，逐步引导。每次只专注于一个习惯的养成，给予孩子足够的时间和空间去适应和进步。

在学习中，专注力是孩子不可或缺的重要能力。然而，当发现孩子难以集中注意力时，许多妈妈都会感到焦虑和困惑。其实，我们不必过于担忧。我们可以通过陪伴孩子学习、制订合理的学习计划、创造安静的学习环境等，来帮助孩子培养专注力。只要我们给予孩子足够的关爱和引导，他们一定能够逐渐克服分心问题，更好地投入学习中。

在培养孩子的习惯时，我们要让他们明白，一次只做一件事，别急着给自己设定太多任务。只有真正把一件事做好、做透，才能收获满满。

> 你要专心学习知道吗？

> 您这样老盯着我，我怎么专心！

据新闻报道，广西一名11岁的少年，因为一桩小事竟向110求助。原来，他因沉迷手机游戏，遭到了父亲的严厉教训。他哭得伤心欲绝，只好向警方求助。民警听闻此事后，迅速上门了解情况。

原来，这位少年最近一直在家中自学。没有了老师的监督，他变得更加放纵，一拿起手机便无法自拔，作业早就被他抛诸脑后。父亲发现后，一气之下打了他一顿。少年觉得非常委屈，竟然选择了报警求助。

这位父亲的做法虽然有些过激，但孩子的确被手机迷得晕头转向。除了手机，动画片、玩具、漫画书也总让他分心。孩子的世界总是充满了新奇和诱惑，但自由并不意味着可以放纵自己。完成学业是学生的基本任务，这就需要家长的正确引导和教育。

专注培养新习惯，赋予孩子90日的专注时光

为了助力孩子塑造全新的日常习惯，妈妈可以设定一段为期90天的专注期。这段时间，是孩子全身心投入、不受外界干扰的宝贵时刻。我们应该鼓励孩子珍惜每一分、每一秒，将全部精力聚焦于新习惯的养成。尽管90天看似短暂，但它足以让一个新习惯在孩子心中生根发芽。我们相信，在这段专注的时光里，孩子定能收获满满，不仅能养成新习惯，还能学会如何高效利用时间，为未来的成长奠定坚实的基础。

我要用电脑学习！

不行，我看你就是想玩儿游戏！

打造梦想的学习天地，开启学习前的仪式感

在孩子成长的过程中，为他们营造一个整洁有序的学习空间至关重要。这个空间不仅是知识的殿堂，更是培养孩子自律与专注力的摇篮。在书桌上，各类书籍和文具摆放得井井有条，随时等待孩子的探索和使用。每当学习前，孩子都会在这个空间里举行一场简短的仪式。他们整理书桌，端正坐姿，静心凝思，让心灵与知识产生共鸣。这样的仪式感，让孩子在庄重与肃穆中开始每一天的学习之旅，也让他们更加珍惜和尊重知识的力量。

干净的房间让人的心情都变好了。

学习也更有动力了！

合理安排学习与娱乐，让孩子快乐成长

在孩子成长的道路上，学习与玩乐都是不可或缺的。为了让孩子在快乐中成长，我们需要合理地安排他们的学习与娱乐时间。在学习时，我们要为孩子设定明确的目标和任务，引导他们专注、高效地完成学业。在玩耍时，我们也要给予孩子足够的自由与空间，让他们尽情释放天性，享受童年的欢乐。通过合理的安排，我们既能确保孩子的学习进步，又能让他们在娱乐中锻炼身心，实现全面发展。

余力是一个既聪明又活泼的小男孩儿，他既喜欢沉浸在知识的海洋中，又渴望与朋友们在户外尽情嬉戏。他的父母深知孩子需要

全面发展，于是为他精心规划了每日的学习与玩耍时间。

　　早晨，余力便坐在书桌前，专心致志地完成学校的作业。遇到难题时，他会独立思考，努力寻找答案，从中感受挑战与成长的乐趣。午后，父母会带余力去附近的公园，让他与小伙伴们一起放飞自我。他们踢足球、捉迷藏，尽情享受童年的欢乐时光。在玩耍中，余力学会了团队合作，也锻炼了身体。傍晚，余力会在父母的陪伴下阅读各种书籍，从历史书中了解过去，从科普书中探索未知。阅读让余力的世界变得更加丰富多彩。

　　在父母的引导下，余力学会了如何在学习与玩耍之间找到平衡点，他成了一个学习成绩优异、各方面平衡发展的孩子，深受同学们和老师的喜爱。

培养抗干扰能力，助力孩子专注成长

　　面对当今纷繁复杂的外界环境，孩子需要一颗强大的内心去坚守自我。我们要引导孩子培养内在的定力，让他们在面对诱惑时能够坚定信念，不为所动。我们应教会孩子制定明确的目标，并为之努力奋斗，使他们在追求梦想的路上更加专注。同时，通过科学的时间管理和自我约束，让孩子学会在忙碌与休闲之间找到最佳的平衡点。这样一来，孩子不仅能够在当下更好地学习和成长，更能够在未来的人生道路上保持清醒的头脑，并勇往直前。

劳逸结合是很重要的。

我还得写卷子呢！

挖掘粗心马虎背后的真相，帮孩子找回认真的状态

很多妈妈在检查孩子作业的时候，总是会发现他们在一些看似微不足道的问题上出错。无论是简单的计算题还是基本的填空题，总能发现一些不起眼的错误。每当问及原因时，孩子总是无所谓地回答"粗心大意"。这样的态度让我们深感担忧，因为粗心不仅会影响他现在的学业成绩，还可能成为他未来生活和工作的隐患。

我粗心才没考好的。

你不要找借口。

孩子总以"粗心大意"为借口，掩饰成绩不佳的真相。作为妈妈，我们应深入挖掘孩子学习中出现的问题，是基础知识不扎实，还是学习态度需调整。只有找到问题的症结，我们才能有效地帮助孩子改进。同时，我们也要引导孩子正视自身的不足，鼓励他们积极提升学习能力，而非逃避责任。

孩子粗心大意，往往源于其性格特点和行为习惯。妈妈需耐心引导，通过日常生活中的点滴细节，培养孩子的观察力和专注力。同时，也要教会孩子有条不紊地完成任务，逐渐改掉粗心大意的习惯。

张宇是个聪明伶俐的孩子，但粗心大意一直是他成长路上的绊脚石。他常常因算错小数点而让自己痛失期末考试的第一名。张宇

经常粗心大意，这个情况让父母和老师都倍感担忧。有一次，张宇参加学校的数学竞赛，他本来很有实力，却因为一个小数点的疏忽而痛失冠军。这次失败让他深刻地认识到粗心大意的危害。他开始反思自己的行为，努力寻找改变的方法。在父母和老师的引导下，张宇开始培养自己的专注力和观察力。他学会了在做事情前制订计划，并严格按照计划执行。他也学会了在做事时保持耐心和细心，不再急于求成。经过一段时间的努力，张宇粗心大意的习惯逐渐得到了改善。他变得更加有条理了，不仅在学业上取得了进步，也在生活中变得更加成熟和自信。

培养规范做题的习惯，减少出错率

孩子在做题时总出错，很多时候并非单纯因为知识掌握不牢，而是缺乏规范的做题习惯。在日常学习中，我们应着重训练孩子养成规范做题的习惯。首先，要引导孩子仔细审题，明确题目要求；其次，鼓励他们按步骤解题，条理清晰；最后，做完题目后务必认真检查，确保答案准确。通过这些训练，帮助孩子逐渐形成良好的做题习惯，减少因粗心大意导致的错误，提升学习成绩。妈妈要耐心指导，与孩子共同努力，帮助他们养成这一良好的学习习惯。

妈妈，您贴什么呢？

我为你制作的计划表呀！

提升注意力，稳定做题思路

孩子注意力不集中，往往导致做题思路被频繁打断，进而影响了准确率。为了改善这一状况，首先，我们要为孩子创造一个安静、整洁的学习环境，减少外界干扰。其次，可以通过一些训练专注力的游戏或活动，帮助孩子提升注意力。此外，鼓励孩子制订学习计划，合理安排做题时间，也有助于他们更好地集中注意力。妈妈要给予孩子足够的耐心和支持，帮助他们逐步克服注意力不集中的问题，进一步提高做题的准确率。

> 我感觉刚刚的半小时过得好快。

> 这是因为你很专注呀！

面对面辅导法：孩子当老师，家长当学生

为了加强孩子对课堂知识的理解和记忆，我们可以尝试采用面对面辅导法，也就是让孩子充当老师的角色，我们扮演学生，然后让孩子为我们讲述当天在课堂上学到的知识。这种方式不仅能激发孩子的学习兴趣和积极性，还能让他们更加深入地理解和掌握知识点。同时，通过孩子的讲解，我们也能更加直观地了解孩子的学习情况和问题所在，以便更好地辅导和帮助他们。这一方法既增强了亲子间的互动，又加强了孩子的学习效果。

一天下午，宇航端坐在书桌前，手中紧握着课本，眼中闪烁着坚定的光芒。今天，他要以小老师的身份，为妈妈揭示力学世界的奥秘。

他深吸一口气，开始有条不紊地讲解。从牛顿定律的基石讲起，他娓娓道来，时而借助生动的比喻，时而使用简单的实验辅助说明。妈妈坐在一旁，专注地聆听，并不时地提出问题，与宇航一同探寻答案。时间飞快地流逝，宇航感受到了一种从未有过的挑战和满足。他发现自己不仅在传授知识，更是在锻炼自己的逻辑思维和表达能力。

等宇航结束了他的讲解后，妈妈站起身，给予他一个温暖的拥抱："宇航，你今天真的很棒。你的讲解让我对力学有了更深刻的理解。"宇航的眼眶微湿，他真切地感受到了妈妈的认可和鼓励，也更加坚定了自己探索力学奥秘的信念。

塑造孩子的自信与兴趣，激发孩子的学习动力

面对面辅导不仅是知识的传递，更是对孩子自信与兴趣的培养。在这个过程中，我们要悉心倾听孩子的疑惑，耐心解答，确保他们理解每一个知识点。我们要注重鼓励与肯定，让孩子在每一次进步中感受成功的喜悦，从而保持自信。同时，我们通过生动有趣的方式，引导孩子发现学习的乐趣，激发他们的学习兴趣。这样的辅导方式，既提升了孩子的学习效果，又培养了他们的自信与兴趣，为孩子未来的成长奠定了坚实的基础。

课堂时间很宝贵，
助力孩子高效利用收获满满

在学校，听课认真的孩子，课堂上就能把知识学得很好，所以课后学习起来会感觉比较轻松。他们无须花费过多的时间复习，就能快速巩固所学内容，甚至有余力去探索更深的知识领域。这种高效的学习方式不仅提升了他们的学习成绩，也让他们有更多的时间去发展自己的兴趣爱好。

提升孩子学习效率的关键在于家校合作与互动。父母需主动与老师保持沟通，定期了解孩子在校的学习情况与问题，以便及时调整家庭辅导策略。同时，父母应鼓励孩子在课堂上勇敢发言、积极互动，多向老师和同学请教，这样不仅能加深理解，还能锻炼沟通能力和思维活跃度，从而让孩子在课堂上的每一分钟都收获满满。

父母与老师的关系对孩子的成长至关重要。父母应尊重老师的专业水平，积极配合教学工作，及时反馈孩子的学习情况。同时，老师也应理解父

你们私下要多鼓励孩子。

我们一定配合老师。

母的关切，耐心解答疑问。双方共同协作，为孩子创造一个和谐的学习环境，促进其全面发展。

王女士和她的女儿小梅一直与老师保持着良好的关系。每当小梅遇到难题时，王女士都会及时与老师沟通，共同寻找解决方法。老师也常常向王女士反馈小梅的进步和需要改进的地方。有一次，小梅因为一次考试成绩不理想而情绪低落，王女士便与老师深入交流，了解原因。在老师的建议下，王女士鼓励小梅从失败中吸取教训，调整学习方法。

经过一段时间的努力，小梅的成绩有了显著的提高，最后以优异的成绩考上了心仪的中学。可见，家长与老师保持良好的关系对孩子的成长至关重要。双方只有真诚沟通、互相理解，才能共同为孩子的成长助力。在这样的和谐氛围中，孩子才能更加自信、勇敢地面对学习和生活中的挑战。

确保充足的睡眠，高效学习每一天

提升孩子学习效率的秘诀之一，便是确保他们拥有足够的睡眠时间。良好的睡眠不仅是孩子身心健康的基石，更是他们高效学习的关键。当孩子们在甜美的梦乡中充分休息的时候，他们的大脑会悄悄地进行记忆整理与知

妈妈，这么早就要关电视吗？

宝贝，为了保证你的睡眠，你必须得睡觉了。

识巩固。因此，妈妈们应高度重视孩子的睡眠问题，为他们制订合理的作息计划，避免熬夜与作息紊乱。同时，为孩子打造一个温馨舒适的睡眠环境，让他们每晚都能安心入睡，享受甜美的梦境。这样一来，孩子们在白天学习时，就能以更加饱满的精神状态投入学习之中。

培养孩子预习的习惯，开启智慧学习之旅

预习完以后，你可以多看十分钟电视。

好的，我现在就去！

预习如同探险前的地图预览，可以为孩子的学习之旅指明方向。妈妈应鼓励孩子提前探索新知识，激发他们的探索欲望。通过预习，孩子能够初步了解学习内容，形成初步认知，为课堂上的深入学习打下坚实的基础。此外，预习还能让孩子在听课过程中更加有的放矢，提高学习效率。因此，家长不妨在孩子放学回家后，鼓励他们花些时间预习一下第二天的课程，这样孩子的学习之路才会更加顺畅。

高效听课，让孩子成为学习高手

孩子要想学业出众，高效听课不可或缺。家长应引导孩子掌握听课的技巧，让他成为课堂中的佼佼者。首先，要培养孩子的专注力，让他紧盯老师的每一个动作、认真聆听每一句话，不错过任何知识点。其次，鼓励孩子主动思考，与老师互动，敢于提问和发表自己的观点。最后，教会孩子巧妙记笔记，快速捕捉关键信息。通过不断的练习和摸索，孩子将逐渐掌握高效的听课技巧，成为学习高手，轻松应对学业挑战。

黄海虽然聪明好学，但总是觉得课堂上学到的知识不够深入，无法完全接受老师所讲的内容。黄海的妈妈是一位温柔而富有智慧的女性，她察觉到儿子内心的困惑，决定亲自引导他掌握高效听课的技巧。

妈妈告诉黄海，听课不仅是听，更要思考、理解和记忆。她教黄海如何在课堂上保持专注力，如何跟上老师的思路，如何巧妙地记笔记。黄海按照妈妈的建议去做，渐渐地，他发现自己对课堂知识的理解更加深入了，学习效率也大大提高了。

在一次重要的考试中，黄海凭借自己高效听课的能力取得了优异的成绩。他终于明白了，高效听课不仅是一种技巧，更是一种学习的态度和习惯。只有掌握高效听课的技巧，才能更好地吸收知识，为未来的成长打下坚实的基础。

点燃课堂激情，鼓励孩子积极参与互动

课堂作为知识的海洋与思维的摇篮，需要每一个孩子积极参与其中。妈妈应当成为孩子勇敢探索的后盾，鼓励他们在课堂上踊跃发言，与老师和同学互相交流、探讨。这是妈妈义不容辞的责任。因为通过互动，孩子们不仅可以更加深刻地理解和掌握知识，还能在思维的碰撞中激发出更多的灵感火花。他们可以在老师的引导下，共同探讨问题，解决问题，从而不断地提升自己的思维能力和解决问题的能力。

这是奖励你的，老师说你最近总是积极地回答问题。

以后我要天天举手！

接纳孩子爱玩的天性，
激发孩子学习内驱力

孩子生性活泼好动，对玩耍有着浓厚的兴趣，这是很正常的。然而，学习同样是孩子成长道路上不可或缺的一部分。如果孩子缺乏学习的内驱力，可能会错失许多提升自我、探索新知的机会。作为妈妈，我们要从孩子的兴趣点出发，寻找学习的乐趣和价值，激发他们的学习热情。

作为妈妈，首先要接纳孩子的天性，他们活泼好动、好奇心强，这是他们独特的魅力所在。只有真正理解并接纳孩子的天性，我们才能更好地与孩子共情，理解他们的需求和困惑。在引导孩子学习的同时，我们要尊重他们的个性和兴趣，用爱和耐心陪伴他们成长，与他们共同探索学习的乐趣和价值。

看他玩儿得多开心哪！

尊重孩子比什么都重要。

作为妈妈，我们不要总给孩子灌输大道理，而应尝试真正地接受他们的天性，深入他们的内心世界，用心去理解他们的喜怒哀乐。我们要用智慧和耐心去启发孩子，成为孩子成长道路上的伙伴和引导者，陪伴他们走向更广阔的未来。

小丽琴的父亲是羽毛球运动员，他期望女儿能继承他的衣钵。因此，他给小丽琴报了每周的羽毛球课程，希望她能成为一名出色的运动员。然而，小丽琴心中对绘画的热爱远超过羽毛球。

这天，小丽琴坐在桌前，全情投入地描绘着她的画作。妈妈见状，没有像往常一样提醒她去打羽毛球，而是选择在一旁静静地观察。

小丽琴的脸上时而露出困惑，时而洋溢出喜悦，她的画作仿佛有魔力，能带她进入另一个世界。妈妈深深被她的专注和热情所打动，她决定改变以往的教育方式，尝试从理解小丽琴的内心世界开始。"小丽琴，你的画好美，可以和我分享你的创意吗？"妈妈温柔地问。小丽琴兴奋地展示她的画作，并讲述着背后的故事。

在那一刻，妈妈意识到，每个孩子都有自己的兴趣和梦想。她决定尊重小丽琴的选择，不再强迫她成为羽毛球运动员。从此，妈妈成为了小丽琴最亲密的伙伴和引导者，而小丽琴也在妈妈的陪伴下，更加自信地追求自己的梦想。

与孩子深谈生活真谛，培养健康的人生观

在孩子的成长道路上，我们应时常与他们分享深刻的思考，帮助他们构建正确的人生观和价值观。无论是日常琐事还是社会现象，都是我们与孩子沟通的话题。我们可以通过深入探讨，引导孩子理解世界的多彩与复杂，培养他们的同情心和使命感。同时，我们也要注重灌输积极向上的价值观念，让孩子认识到诚实、友善、坚忍等品质的重要性。在与孩子的交流中，我们不仅是引路人，更是

> 任何工作都是有意义的。

> 妈妈，我以后可不要当清洁工！

心灵的导师。我们只有用智慧和关爱，陪伴孩子一同成长，才能为他们的人生旅程奠定坚实的基础。

鼓励孩子学会自主，培养强大内驱力

激发孩子的自主动机，是培养他们内驱力的关键。内驱力是孩子们内心深处的一种力量，能够推动他们主动去学习、去探索、去成长。当孩子们拥有强大的内驱力时，他们会更加热爱学习，善于解决问题，并勇于面对挑战。为了培养孩子的内驱力，家长和教师应关注孩子的兴趣和需求，提供丰富多彩的学习资源和环境，鼓励孩子自主思考、自主决策、自主行动。我们还要给予孩子积极的反馈和认可，让他们感受到自己的成长和进步。这样一来，才能助力孩子们走向更加美好的未来。

妈妈，你看我画得好看吗？

好漂亮啊！你以后可以当画家了！

避免无原则的溺爱，适度设定成长边界

父母在教育子女的过程中，为他们设定清晰的边界至关重要，以免过度的纵容使他们失去自我约束的能力。为孩子划定界限，并非要束缚他们的成长，而是要引导他们学会自我管理和尊重他人。我们要让孩子们明白，生活中有规矩需遵守，有底线不可触碰。只有这样，他们才能更好地适应社会中的各种规则，成长为一个有责任、有担当的人。同时，我们也要懂得拒绝孩子的不合理请求，不能总是无条件地满足他们的每个要求。只有在适度的引

导与关爱下，孩子才能健康成长，成为我们心目中的优秀个体。

张奋每天放学后总是沉迷在游戏中，对写作业的事情置若罔闻。尽管他的妈妈多次提醒，但他仍然不为所动。从傍晚六点一直玩儿到九点，张奋仍未拿起笔来，张奋妈妈决定让他自己去承担不写作业的后果，希望他能从中吸取教训。然而，第二天张奋并未受到老师的惩罚。张奋妈妈因此倍感焦虑，不知该如何是好。

几天后，张奋妈妈到学校找老师询问，老师笑了笑，给出建议："其实，你可以尝试给孩子制定明确的规则。比如规定放学后先休息15分钟，然后开始写作业。这样直接且清晰的规则，或许比让孩子去体验那些不必要的后果更为有效。"张奋妈妈听后恍然大悟，脸上露出了感激的笑容。

适度立规，赋予孩子自主空间与选择权

在孩子的成长过程中，赋予他们足够的自主空间与选择权至关重要，这有助于培养他们独立思考和自主管理的能力。然而，这并不意味着我们要放任他们为所欲为。在我们认为关键的问题上，需要为他们设定清晰的规则，引导他们树立正确的行为准则和价值观念。同时，我们也要尊重孩子的个性和意愿，让他们在适度的范围内拥有选择的自由。只有这样，孩子才能在既有约束又有自由的环境中健康成长，成为具有责任感和自主决策能力的独立个体。

孩子不吃饭怎么行？

不能无底线地溺爱她。

让孩子学会主动思考，
改掉过度依赖的毛病

在生活中孩子一旦遇到问题，往往会立刻向父母寻求帮助，缺乏主动探索和解决问题的意识。他们可能不愿意独立思考，甚至对简单的问题也缺乏自行解决的勇气。这种过度依赖的现象，不仅限制了孩子的思维发展，也阻碍了他们独立能力的养成。

妈妈，您帮我拼可以吗？

我相信你自己可以的。

孩子过度依赖他人，缺乏独立思考的能力，这确实是一个需要重视的问题。作为妈妈，我们要多鼓励孩子，让他们勇敢地表达自己的想法，尝试着独立解决问题。当孩子遇到困难时，我们要耐心引导，而不是直接给出答案。只有在我们的鼓励与支持下，孩子才会逐渐养成独立思考的习惯，成为更加自信、独立的人。

当孩子遇到问题时，作为妈妈，我们应细心聆听，理解孩子的困惑和需求，给予他们相应的关爱和指导。通过积极的陪伴和耐心的引导，帮助孩子克服困难，让他们健康成长。

有一天，张女士骑电动车带着三岁的小女儿媛媛去超市。回家时，一阵风将她们的车吹倒了。媛媛好奇地问："妈妈，为什么我们的车会被风吹倒，别的车就不会呢？"张女士没有直接回答，而是温和地引导媛媛思考："你觉得是什么原因呢？"媛媛想了想，猜测说："是不是因为别的车更重？"张女士点头赞同，并补充说："车子停放的位置也很重要，有遮挡物挡住风，就不容易被吹倒。"媛媛听后，露出一副若有所思的表情。

晚上，张女士把这件事告诉了大女儿苗苗。苗苗听后，也给出了自己的见解："我觉得有些电动车的车撑子很稳，所以不容易被风吹倒。"这个答案让张女士很惊喜。

不久，苗苗面临旅行分享活动的挑战。她担心自己的经历不够精彩。张女士鼓励她："你可以分享让你印象深刻的经历呀！"苗苗想了想，决定分享她和家人在海滩走散的经历。在张女士的引导下，苗苗逐渐梳理好了分享的内容。这次互动不仅解决了苗苗的困扰，也锻炼了她的思考能力。

助力孩子独立思考：引导式与共鸣式交流并重

在孩子的成长过程中，妈妈扮演着至关重要的角色，尤其是在培养孩子独立思考的能力方面。这不仅是孩子当下解决问题的关键，更是他们未来独立生活的重要基石。通过引导式交流，妈妈可以启发孩子主动提问、深入探索，点燃他们内心的求知欲与探索欲。同时，共鸣式的交流方式强调妈妈对孩子的观点和感受给予深度的回应，让孩子感受到被关心与理解。这两种交流方式不仅鼓励孩子勇敢地表达自我，更在潜移默化中培养他们的独立思考能力。

你是怎么教育出那么聪明的孩子的呢？

鼓励她表达自己的想法，她自然会爱上思考。

运用思维层次理论，深化孩子的思考维度

布鲁姆博士在20世纪50年代提出的教育目标分类框架，为我们揭示了思维的六个递进层次：记忆、理解、应用、分析、评价与创造。这一理论框架为培

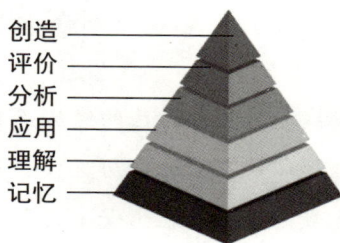

> 你的想法真的太棒了！

> 真的吗？我会努力做出来的。

创造
评价
分析
应用
理解
记忆

养孩子的深度思考能力提供了有力的指导。在教育实践中，我们应引导孩子从简单的记忆与理解起步，逐步迈向高级的应用、分析与评价，最终激发他们的创造力。通过设计富有启发性的教学活动，鼓励孩子主动探索、独立思考，让他们在不断的实践中深化对知识的理解和运用，从而培养出真正具备深度思考能力的未来之星。

认真思考：引导孩子理性思路，认真审题

在孩子写作业之前，引导他们认真思考是至关重要的。作业不仅是巩固知识的手段，更是培养孩子逻辑思维和解决问题能力的途径。因此，妈妈应告诉孩子，在动笔之前，先花些时间思考题目要求、厘清思路。思考题目背后的意义，想象可能的答案，并尝试用多种方法解决。这样的思考过程，不仅能让孩子更加专注于作业，还能提升他们的学习效果。久而久之，孩子会养成深入思考的好习惯，为未来的学习和生活打下坚实的基础。

一位妈妈想要检验八岁女儿的数学习题，特别是那些需要计时的计算题。就在妈妈准备开始计时时，女儿突然说："妈妈，能不能给我两分钟，让我先看一下这些题目？我觉得我可以记住它们，这样我答题时就会更快。今天在学校的时候，我就是这么做的，我做得最快，还都做对了。"妈妈想了想，就答应了。于是，女儿用两分钟仔细看了看题目，心里大概有了数。计时一开始，她答题的速度飞快，而且答案全都正确。看来，女儿在答题前花的那两分钟很有用。这就说明，孩子在答题前，最好还是花点时间思考一下。这样一来，他们不仅能更好地把握答题的方向，还能提高答题的速度和准确率。

展开思考：灵活应对不同作业，提升能力

在孩子的学习过程中，不同类型的作业如同多样化的挑战，要求孩子们展现不同的思考策略。因此，教会孩子如何灵活应对各种作业内容，是每位家长和教师的重要任务。对于基础知识类作业，我们应引导孩子温故知新，确保理解透彻，为后续的学习打下坚实的基础。对于应用题或实践题，我们则要鼓励孩子发挥创意，将所学知识与实际情境相结合，提出新颖的解决方案。总之，根据作业内容的不同，我们需要引导孩子掌握不同的思考技巧。这样孩子们不仅能高效完成作业，还能在思考的过程中不断提升自己的思维能力。

妈妈，我对几何一窍不通，该怎么办呀？

你可以动手切一个立体图形啊！

引导孩子主动完成作业，激发内心的责任感

要激发孩子主动写作业并培养其责任感，首先，要设立清晰的目标和期望，让孩子明白写作业的重要性。其次，给予孩子适当的自主权和选择权，让他们参与制订学习计划。最后，及时给予正面的反馈和奖励，鼓励孩子的努力和进步。

许多孩子将写作业视作一项例行公事，只追求完成速度而忽视质量，这种态度实则是对学习的敷衍。作业不仅是检验学习成果的试金石，更是锻炼思维和解决问题能力的磨刀石。若孩子只是草率应对，不仅难以真正掌握知识，更可能产生浮躁的学习心态。

你的字迹太潦草了！

写完不就行了。

我们陪伴孩子写作业，并非仅仅是为了完成每日的学习任务，更是一次深入引导和教育的过程。我们希望通过这一环节，帮助大家认识到学习不仅是责任，更是成长的阶梯。同时，妈妈们更希望激发孩子的内在动力，让他们对学习产生浓厚的兴趣，从而主动探索、不断进步。

最近，李梅和女儿小悦一起商量了怎样利用课余时间来加强各科的学习。李梅对小悦说："小悦啊，你看我们放学和周末的时候，怎样安排各科学习更合适呢？课上听讲是重点，但课后的努力也同样不

能少。"小悦觉得这个主意不错，于是母女两人开始讨论细节。

她们先聊起了语文、英语和数学的学习方法。李梅启发小悦思考，除了做作业，还可以通过什么方式提高各科成绩。小悦积极地分享了自己的想法，比如看些有趣的英文故事书、写写小短文等。

整个过程中，李梅都用引导和提问的方式与小悦交流，让小悦能够自由地表达自己的想法。这样的交流不仅激发了小悦的学习热情，还让她学会了如何合理安排自己的学习时间。最后，母女俩共同制订了一个简单易行的学习计划，为小悦的学习之路指明了方向。

引导孩子自我负责，迈向成长之路

在孩子的成长过程中，培养他们的自我负责态度至关重要。要让孩子学会自我负责，首要的任务是让他们深切地体会每个行为与选择的后果。在日常生活中，妈妈不妨适时地让孩子独当一面，例如独立安排学习与生活琐事。这样的经历不仅能培养孩子的自主能力，更能让他们意识到自己的责任所在。同时，妈妈应鼓励孩子积极参加各类活动，通过实践去感知和承担自己的角色与任务。面对挑战与困难时，妈妈应引导孩子以积极的态度去应对，培养他们独立解决问题的能力。

妈妈，我不想烤鸡翅了！

可是大家都很期待你亲手做的美食呢！

自我负责的核心：制定与践行学习目标

在培养孩子的自我负责能力时，精心制定并践行学习目标显得尤为重要。我们可采用"四步走"的策略。第一步，我们需要与孩子进行深度沟通，通过巧妙的提问和给予多元选择，共同发掘并确立双方都认可的学习目标。第二步，运用管理原则，确保目标具体、可衡量、可实现、相关性强且有时间限制，使孩子能明确目标，有的放矢。第三步，我们要预见可能遇到的挑战，与孩子共同商讨应对策略，并约定好提醒机制，培养他们解决问题的能力和韧性。第四步，制作详细的目标进度表，让学习过程可视化，及时给予反馈，激发孩子的积极性和自我驱动力。

运用SMART原则，制定科学的学习目标

在给孩子制定学习目标时，我们务必遵守管理原则，让目标更明确、可操作、有意义。明确性要求目标具体清晰，避免笼统模糊；可衡量性则意味着目标需量化，便于我们评估孩子的进步；可达成性强调目标要切实可行，符合孩子的实际能力；相关性确保目标与孩子的整体学习计划和发展方向紧密相连；时限性则为目标设定了明确的时间框架，促使孩子有效地推进目标。只有这样，我们才能够制定出科学合理的目标，激发孩子的学习热情，培养他们自我负责的能力。

敏敏是个聪明好学的孩子，但她总是难以持之以恒地学习。她的妈妈意识到，可能是因为敏敏的学习目标不够明确，缺乏一个清晰的方向。于是，妈妈决定帮助敏敏制定一个符合管理原则的学习目标，让她学会自我负责。

于是，她们坐下来深入交流，妈妈耐心地引导敏敏去思考自己的内心期望。敏敏终于说出了她心底的愿望："我想让我的写作水平取得更大的进步，我想写出让人感动的文章。"妈妈听后非常欣慰，这个目标既具体又充满挑战。

接着，妈妈帮助敏敏将目标细化为可衡量的指标，并制订了详细的学习计划。她们还一起预想了可能会遇到的困难，并约定了提醒机制。敏敏开始按照计划努力学习，每天按时复习，不断积累知识和技巧。

几个月后，敏敏的作文水平有了显著的提高，赢得了老师和同学们的一致好评。敏敏深深地感受到了自我负责的重要性，她明白了只有明确目标并为之努力，才能实现自己的梦想。

共绘目标进度表，引领孩子踏上自我成长之旅

妈妈要与孩子携手绘制目标进度表，不仅是为了明确学习的方向，更是为了引领他们踏上自我成长之旅。在共同绘制的过程中，妈妈要与孩子进行深入沟通，理解孩子的内心需求与期望，使目标更加贴合他们的个性与发展。进度表不仅是一个简单的计划表，更是孩子自我管理的训练场，让他们学会规划时间、分配任务，从而培养自律与责任感。通过这一过程，孩子不仅能逐步实现学习目标，更能领悟到自我成长的意义，学会在人生的道路上不断前行，追寻属于自己的梦想与未来。

属于我们两个的阅读时间到了。

计划表

我去拿本子做笔记！

杜绝赶鸭子上架，
让孩子不把作业当负担

写作业时，切勿急于求成，赶鸭子上架式的做法只会适得其反。我们应引导孩子理解作业的重要性，激发他们的学习热情，让他们主动投入其中。只有在轻松愉悦的环境中，孩子才能充分体验到学习的乐趣，进而取得更好的学习效果。

许多孩子将作业视作一种负担，家长们也常为此感到困扰。这种情绪往往源于对学习的片面理解和对孩子过高的期望。家长们应引导孩子认识到，作业是巩固知识、提升能力的重要途径，而非枯燥无味的任务。同时，家长们也要调整心态，给予孩子足够的关心与支持，让作业成为孩子成长的阶梯，而非前行的阻碍。

> 不许玩儿了！赶紧写作业！

> 我一会儿就写，别唠叨了。

孩子的作业并非家长和孩子的共同负担，而应视其为共同成长的伙伴。作业不仅能帮助孩子巩固知识、提升能力，也是家长与孩子增进了解、建立亲密关系的桥梁。我们无须将其视为负担，而应以积极的心态面对，共同享受学习带来的乐趣。

　　小蜜和她的妈妈曾经都被写作业的事情困扰。小蜜觉得作业是沉重的负担，而妈妈则担心她的学习能力。然而，随着一次深入的谈话，她们决定改变这种局面。妈妈告诉小蜜，作业并非负担，而是成长的阶梯。它不仅可以帮助小蜜巩固知识，更能培养自律与毅力。于是，她们开始以全新的视角看待作业，将其视为共同探索知识的旅程。每天，小蜜和妈妈都会一起制订学习计划，并相互鼓励坚持完成。她们一起探讨作业中的难题，分享学习的快乐。作业成了她们增进亲子关系、培养学习习惯的重要桥梁。随着时间的推移，小蜜不再视作业为负担，而是欣然接受了它带来的困难与挑战。她明白了，真正的成长并非一帆风顺，而是在克服困难的过程中逐渐变得成熟。当看到小蜜在作业中的进步与成长，妈妈也深感欣慰。

提早适应身份之变：小学生角色的深刻领悟

　　随着孩子踏入小学的大门，我们需要引导他做好身份的转换。从此刻起，他不再是一个无忧无虑的幼儿，而是一名要学习知识和本领的小学生

妈妈，我可以不去学校吗？

去学校的都是勇敢的孩子哦！

了。这一转变，意味着他将开启知识的探索之旅，承担起学习的任务。作为妈妈，我们要引导孩子深刻地理解这一变化，让他们明白学习不仅是获取知识的过程，更是塑造品格、锤炼意志的过程，让孩子从心底接受并珍惜这个新身份，以饱满的热情迎接未来的学习生涯。

守规矩与学习方法：孩子成长的"双翼"

在成长的道路上，守规矩与掌握学习方法同等重要。守规矩不仅能帮助孩子更好地适应学校生活，还能培养他们的纪律性和责任感。同时，提前向孩子介绍一些基本的学习方法，如合理安排时间、有效记忆和积极思考等，将使他们的学习更加高效有趣。妈妈应引导孩子在日常学习中使用这些方法，逐步养成良好的学习习惯。妈妈应悉心教导孩子，让他们在实践中深化对规矩的理解，掌握学习之道，从而铸就更加辉煌的未来。

卸下心理重担，铸就自觉主动之魂

妈妈在孩子学习过程中的角色，不仅在于知识传授，更在于心灵的呵护与引领。为了帮助孩子卸下心理负担，我们需深入其内心世界，用理解与关爱去化解其焦虑。同时，妈妈应引导孩子认识到，完成作业不仅是学习的要求，更是自我成长与提升的关键。通过培养其自觉性，让孩子在内心深处燃起对知识的渴望与追求，从而主动拥抱学习，享受学习的快乐。妈妈的耐心引导和细心陪伴，是孩子走向成功学习之路的重要支撑。

雨桐是个聪明活泼的小女孩儿，但最近她对作业产生了抵触情绪。妈妈看在眼里，急在心上，决定帮助雨桐找回学习的乐趣。

一天，妈妈带着雨桐去郊外放风筝。看着风筝在蓝天中自由飞翔，雨桐露出了久违的笑容。妈妈趁机说："雨桐，你看风筝飞得多高多自由哇，那是因为有线在牵引着它，给它方向和力量。学习也是一样，作业就像那根线，它帮助我们找到方向，让我们飞得更高。"

妈妈继续说："我们应该把作业当作一种挑战，一种乐趣，而不是负担。每次完成作业，都是对自己的一次锻炼和提升。同时，你要学会自主地安排学习，才能真正享受学习的过程。"

从那以后，雨桐开始尝试以轻松的心态去面对作业。她不再把作业当作一种压力，而是将其视为自我提升的机会。她自觉地制订学习计划，合理安排时间，努力完成作业。慢慢地，她发现学习变得轻松有趣，成绩也有了显著的提高。

端正态度，培育学习的责任心

端正孩子写作业的态度，不仅关乎学业成绩，更影响着孩子的责任心和未来发展。我们要引导孩子将作业视作自己学习路上的一个重要环节，用心对待每一个作业题目。要让他们明白，写作业不仅是为了完成任务，更是为了锻炼自己的思考能力和解决问题的能力。同时，妈妈也要给予孩子足够的支持和鼓励，让他们在面对困难时能够保持积极的心态，勇于挑战自我。我们让孩子端正对作业的态度，从而培养他们学习的责任心。

你已经很棒了，慢慢来。

妈妈，我会努力做得更好的！

第二章

帮助孩子掌握正确的学习方法

学习如同航海者扬帆起航，需要掌握明确的航向与巧妙的技法。良好的学习方法，便是那航行的罗盘和船帆。因此，引导孩子们掌握有效的学习方法至关重要。这不仅能让他们在学习上取得显著的成效，更能激发他们的学习兴趣，让学习变得充满乐趣。

重视"破窗效应"的危害，引导孩子正视偏科问题

很多孩子会逃避自己不喜欢的科目，这种忽视和放弃的态度很可能会影响到其他科目，导致整个学习状态的崩溃。如同一个完好的窗户，一旦被打破且无人修复，很快就会有更多的窗户被破坏，这就是所谓的"破窗效应"。因此，我们必须引导孩子正视自己的偏科问题。

"破窗效应"同样适用于孩子的学习，如果家长不及时纠正孩子的偏科问题，认为"其他科目好就行了"，那么孩子就会受到这种"示范性"纵容的影响。这种心态一旦形成，就会像滚雪球一样越滚越大，孩子可能会逐渐放弃更多的学科。

为什么这次语文考试不及格？

妈妈，您看，我数学考了100分，不如咱们以后放弃语文吧！

偏科不应被视为孩子学习道路上无法逾越的障碍，关键在于我们如何以智慧的方式引导他们克服这一困难。需要特别注意的是，要让孩子知道，不

能凭自己的喜好学习。不论学习哪个科目，不论是否喜欢，都应保持专注和认真的态度。

晓海聪明伶俐，但他身上有一个让老师和家长都头疼的问题——偏科。他特别喜欢数学，成绩也总是名列前茅。然而，对于语文和历史这些科目，他总是提不起兴趣。

一天，语文老师布置了一篇作文，要求写自己对某个历史人物的看法。晓海看着题目，半天也没写出几个字来。

这时，数学老师走了过来，看到晓海苦恼的样子，便问："怎么了，晓海？遇到什么难题了吗？"晓海把自己的困惑告诉了数学老师。数学老师听后笑了笑，说："学习各门科目就像品尝不同味道的美食一样，只有尝遍各种味道，才能发现其中的奥妙。"

晓海听了数学老师的话，豁然开朗。他决定从现在开始，试着去了解和喜欢那些曾经觉得枯燥无味的科目。经过一段时间的努力，晓海的语文和历史成绩都有了明显的提高。

应对偏科的方法

深入了解孩子偏科的真正原因，是解决这个问题的关键。对于那些对特定学科内容不敏感的孩子，妈妈需要尊重他们的学习节奏和方式，不必急于求成。可以根据他们的接受能力和吸收程度，制订个性化的学习计划，引导他们逐步建立起对这门学科的兴趣和信心。另外，妈妈应该鼓励孩子"以强带弱"，而非"因弱弃强"。"破窗效应"告诉我们，一旦某一科的成绩影响了孩子的自信心，可能会引发连

> 妈妈，我不喜欢这门课。

> 如果你不喜欢，可以先休息10分钟，等休息好了妈妈再陪你一起学。

锁反应，导致其他科目的成绩也受到影响。因此，妈妈需要引导孩子正确看待自己的优势科目和弱势科目，让他们明白每一门学科都有其独特的价值和意义。

恨屋及乌

"爱屋及乌"这个成语传达了一种情感的连带效应，而与之相对的"恨屋及乌"则展现了负面情感的扩散。在孩子们的学习过程中，这种情感扩散尤为常见。有时，孩子因不喜欢某位老师或某门课程，便对其产生抵触情绪。这种任性态度表现为"我不喜欢就不想学"，对待作业更是心生厌烦。然而，学习是学生

今天在学校怎么样？

我很喜欢新来的老师，就连我最讨厌的那门科目都变得有意思了。

实验小学

的责任，不应受个人喜好左右。放弃学习，实际上是逃避责任，是心智不成熟的表现。妈妈要让孩子明白，情绪不应成为阻碍学习的借口，而是要学会控制情绪，积极面对学业挑战，以成熟的态度面对自己的成长。

扭转孩子的错误认知

要帮助孩子扭转偏科这种错误认知，妈妈要深入理解他们的情感，并引导他们学会尊重各门课程。孩子们有权利不喜欢某些事物或人，但我们要教会他们，学习是例外。学习不是儿戏，而是他们成长的必经之路。妈妈可以与孩子坦诚交流，倾听他们的心声，同时引导他们认识到，尊重不仅仅是对人的态度，也包括对学习的尊重。无论对老师还是作业，我们都应持有敬重之心。即便对某位老师或某门课程不感兴趣，也应专注于课堂内容，尽力完成作业。

陶陶曾一度讨厌数学老师，每次上数学课时，他总是心不在焉，成绩也日渐下滑。一次偶然的机会，陶陶阅读了一位数学家的传记，被其坚持不懈的精神深深打动。他意识到，自己的态度不仅影响了学习，更可能阻碍未来的成长。

于是，陶陶开始尝试改变。他主动找数学老师沟通，表达了自己的困惑和决心。老师耐心地解答了他的疑问，并给予他鼓励和支持。陶陶也努力调整心态，认真听讲，积极参与课堂讨论。

经过一段时间的努力，陶陶的数学成绩逐渐提高了，他对数学也产生了浓厚的兴趣。终于他明白学习不是为了应付老师，而是为了充实自己。从此，他克服了偏科，成为一个全面发展的好学生。

在教育孩子时，激励方式至关重要。当孩子对某个科目产生抵触情绪时，妈妈应尝试转换方式，用更具挑战性的方式激发他们的斗志。比如，妈妈可以告诉孩子："我期待你能战胜数学，即使不喜欢也能学得很好，那骄傲的样子一定很棒！"这样的激励更容易被孩子接受，也更能激发他们的学习热情。

同时，妈妈还应引导孩子从"不喜欢"中寻找"乐趣"。每个孩子都有自己的兴趣点，只要细心观察，总能找到与学习内容相关的有趣之处。比如，将数学与生活中的实际问题相结合，让孩子感受数学的实用性；通过讲述故事、欣赏古诗词等方式，让孩子领略语文的魅力。这样一来，孩子就能从学习中获得乐趣，从而更加主动地投入学习中去。

变被动学习为主动学习，让孩子更加积极自主

　　1946年，美国学者埃德加·戴尔提出的"学习金字塔"理论，揭示了不同学习方式对学习内容留存率的影响。从图2-1不难看出，被动学习位于上半部分，主动学习则占据下半部分。这就表明，孩子在学习的过程中，若能积极主动，便能更高效地掌握知识。

　　有时，孩子会因学习焦虑而陷入困境，过度焦虑反而降低知识吸收率，造成"欲速则不达"的局面。想提升孩子的学习内容留存率，需讲究策略。首先，明确学习方向，让孩子知道学什么、如何学，避免盲目学习带来的焦虑。其次，引导孩子掌握学习层次，从理解到复述，再到创新，循序渐进。最后，巩固所学内容，通过回顾、整理，形成系统知识，整合到原有知识体系中，实现高效学习。

　　孩子虚心好学，思想独立，是健康成长、顺利融入社会的基石。妈妈应激发孩子的学习热情，发掘潜能，为社会培育会学习、善思考的优秀人才。只有孩子积极主动学习，才能真正提升学习内容留存率，为未来发展奠定坚实的基础。

妈妈，为什么我学了这么久，还是学不会？

你知道"欲速则不达"吗？先休息会儿吧，你就是太焦虑了。

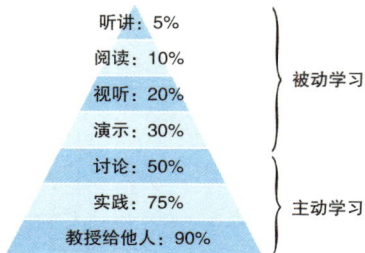

听讲：5%
阅读：10%
视听：20%
演示：30%
讨论：50%
实践：75%
教授给他人：90%

被动学习
主动学习

图2-1 学习金字塔示例

奇奇期末考试没考好，妈妈看在眼里，急在心上，建议他利用寒假时间好好复习，巩固学过的知识，因为这些知识还会派上用场。然而，奇奇的内心其实更想抛开书本，尽情享受寒假的乐趣。不过，他觉得妈妈的话也有道理，于是勉强答应了。

寒假伊始，妈妈便时常督促奇奇专心学习。奇奇也尽量按照妈妈的要求去做，每天翻开书本，认真学习。寒假即将结束时，妈妈再次拿出上次的试卷让奇奇重做，结果却令人大失所望。奇奇出错的地方与上次考试如出一辙，进步微乎其微。

妈妈眉头紧锁，不解地问奇奇为何会如此。奇奇委屈地回答道："我确实看书了，但我不知道该怎么有效地学习，单靠我自己，真的不知道该怎么办。"看着奇奇困惑又无助的眼神，妈妈深知单纯地督促和看书并不能解决根本问题，需要找到更合适的学习方法，才能真正帮助奇奇提高学习成绩。

培养孩子的自学能力

自学能力，即是在无外界帮助下的自我学习能力。然而，孩子们的天性就是爱玩儿，能按时完成作业已属不易，自学对他们而言更是难上加难。但是如果不会自学，即便投入大量时间，也可能收获甚微。妈妈固然希望孩子能凭借刻苦努力提升成绩，但更需教会他们自学的方法。只有掌握了正确的学习方法，才能提升他们的学习能力。因此，妈妈和老师们应引导孩子发现学习的乐趣，培养他们自主学习的意识，逐步掌握自学的方法，这样孩子们才能在学习上取得更好的成绩。

作业不是已经写完了吗，吃些水果吧。

我想再复习复习。

自学的技巧

自学并不是一件容易的事，若想取得好成绩，基础学习技巧的掌握至关重要。否则，孩子就算想学，也可能因不知从何下手而浪费时间。为了提高孩子的自学效率，妈妈应该教授他们一些基本的学习策略。例如，先看问题再去阅读，这样解决问题的过程即是学习的过程；遇到难以理解的问题时不能放过，要记录下来，向别人请教，彻底弄清疑惑。此外，妈妈还要让孩子学会使用工具书，用它们来答疑解惑。掌握了这些学习技巧，孩子的自学能力将会得到有效提升。

> 作业写完可以提前预习明天的课程。

> 老师还没讲我怎么学？

探索适合自己的学习方法

每个人的学习方式和节奏都是独特的，所以妈妈要鼓励孩子探索适合自己的学习方法。当孩子开始展现自觉学习的迹象时，我们应给予充分的鼓励，以激发他的学习热情。然而，孩子毕竟心智尚未成熟，学习时可能会出现注意力分散的情况。因此，妈妈应定期检查孩子的自学效果，并在他懈怠时给予适当的提醒。同时，妈妈可以针对他的学习方法提出建议，帮助他优化学习策略，保持对学习的兴趣。通过持续的关注和引导，孩子的学习能力将会得到不断的提升。

李明学习很刻苦，但成绩一直不尽如人意。一天，李明决定改变这种状况，他先是向老师和同学们请教，了解他们的学习经验和技巧。有人建议他尝试制订学习计划，合理安排每天的学习时间；有人则建议他多做练习题，通过实践来加深对所学知识的理解。李明将这些建议记录下来，并结合自己的实际情况进行尝试。他发现，制订学习计划确实能够帮助他更有条理地学习，不再像以前那样盲目地翻书。同时，通过多做练习题，他也逐渐掌握了知识的重点和难点。

然而，李明并没有止步于此。他意识到每个人的学习方式都是不同的，所以他开始尝试不同的学习方法，比如通过阅读相关的科普书籍来拓宽知识面，或者通过参加学习小组与同学一起讨论问题。经过一段时间的努力，李明终于找到了适合自己的学习方法，他的学习成绩开始稳步提升。

克服懒于自学的思想

有些孩子可能觉得，反正老师该讲的都会讲，根本没有必要自学。然而，家长们必须让他们明白，自学实际上是巩固知识的绝佳途径。在自学的过程中，孩子能够自主发现知识的漏洞，对于之前不懂的内容，他们可以及时回顾复习；对于尚未讲解的知识点，他们可以在听课时带着疑问认真听讲，这样便能更加深入地理解和掌握。若孩子懒于自学，他们所学便仅限于老师的讲解，知识之间缺乏联系，理解起来就会倍感困难与乏味。因此，自学绝非多余，而是提升学习效果的关键一环。

老师说这本练习册明天就会讲。

你今天先自学一遍，明天就能更加深刻地理解老师讲的内容了。

课前预习很重要，
引导孩子学会高效预习

课前预习，即提前了解即将学习的内容。预习有助于形成对新知识的初步印象，明确听课重点，并连接新旧知识。然而，并非所有孩子都能认识到预习的重要性。有些孩子觉得预习后听课无趣，认为只需听讲即可；还有些孩子预习后记不住内容，质疑预习的效果。因此，引导孩子正确认识和利用预习，培养他们主动预习的习惯，是提升学习效果的关键。

有效预习能帮助孩子提前发现问题，明确学习重点，对未知知识有初步认知。预习也应因课而异，文科可通读新课，标记疑惑；理科则先熟悉定理公式，尝试练习，课上对比老师讲解，解疑释惑。通过预习，孩子们能更有目的地听课，提升学习效果。

妈妈，这些内容老师还没讲呢。

就是因为没讲，所以我们才要预习呀！

有些孩子不重视预习，觉得上课老师会讲，无须提前了解。然而，课前预习远非匆匆一瞥，它是对课程的深度熟悉，更是提出疑问、发现知识盲点的关键步骤。我们应强调预习的重要性，让孩子明白其在学习中的不可或缺性，从而养成主动预习的好习惯。

　　嘟嘟有一个好习惯：课前预习。每当老师即将讲解新的知识开始时，他都会提前翻开课本，认真预习。他不是匆匆浏览一遍，而是逐字逐句地阅读，尝试理解每一个知识点。遇到不懂的地方，他会用不同颜色的笔标记出来，以便上课时重点听讲。有一次，嘟嘟提前预习一个复杂的数学定理时，发现这个定理的推导过程非常烦琐，他费了好大的劲儿才勉强理解了个大概。到了上课的时候，老师开始讲解这个定理。嘟嘟全神贯注地听讲，当老师讲到他预习时感到困惑的地方时，他格外留神。通过老师的讲解和自己的思考，他终于完全理解了这个定理的推导过程，心中的疑惑也烟消云散。

　　通过这次预习的经历，嘟嘟深刻地体会到了课前预习的重要性。他发现，通过预习，他不仅能够在课堂上更加有针对性地听讲，还能够提前发现自己的知识盲点，从而更有目的地去学习。

预习的好处

　　提前预习可以让孩子预先探知新课内容，锁定学习要点，使听课更具目标性。在预习的过程中，鼓励孩子自主解决问题，将难题留作提问，这不仅能锻炼其独立解决问题的能力，还能精准定位学习中的难点与重点。如果不预习，课堂听讲将倍感吃力，难以把握核心，难以跟上老师的教学节奏。课后还需耗费更多时间去弥补，得不偿失。因此，妈妈应引导孩子重视课前预习，让他们在学习中步步为营，事半功倍。

听说下节课要讲的知识特别难。

没事，我已经提前预习过了。

预习要做的准备

要让孩子养成预习的好习惯，需提醒他们做好两方面的准备。首先，要明确预习内容。预习可分为学期预习、阶段预习和课前预习。学期预习可通览课本，明确学期目标和任务；阶段预习可建立学习印象，把握重难点；课前预习则为新课打基础，发现新旧知识的联系。其次，要选择适合自己的预习方法。可边思考边预习，或划重点留待上课时关注，也可借助教辅材料提前学习。此外，预习还需注意：主动性强的孩子可从薄弱课程开始，主动性不强的孩子可从感兴趣的内容入手。

妈妈，等吃完饭了，我想去预习功课。

注意要选择适合自己的预习方法，别太辛苦了！

给不同学科选择合适的预习方法

预习方法应因学科而异，不可一概而论。语文预习时，需扫除生字和生词障碍，再深入剖析段落大意、中心思想及写作手法；数学预习则应着重掌握数学概念与原理。此外，预习时应避免全面铺开，应根据学习计划与实际时间合理安排。对于擅长的学科，可适当减少预习时间。总之，预习要因科而异，灵活变通，抓住重点，选择最适合自己的方法，才能事半功倍，提高学习效率。同时，预习也是培养自主学习能力的重要途径，应坚持不懈。

妈妈对小南的学习成绩很不满意，她怀疑小南没有找到适合自

己的学习方法，就建议小南向班上学习好的同学请教。小南听从了妈妈的建议，通过与学习成绩较好的同学交流，他发现他们都有一个习惯——预习，于是他也开始预习。然而，他并没有考虑到自己的学习特点和知识掌握程度，而是生搬硬套别人的方法。结果一段时间下来，他的成绩不升反降。这让妈妈感到困惑：为什么明明已经预习了，成绩却没有提升呢？

其实，小南的做法缺乏自我认知，只是简单地模仿，没有真正掌握学习的精髓。如果他想提高成绩，需要深入了解自己的学习特点，明确自己的长处和短处，有针对性地弥补薄弱环节，保持优势。只有找到真正适合自己的学习方法，才能得心应手，取得进步。

培养孩子提前预习的习惯

要让孩子养成提前预习的习惯，妈妈可在课余时间督促孩子预习新课程，提问一下教材的大致内容，让孩子对将要学习的内容有所准备。同时，给孩子创造机会，让孩子利用学到的知识解决部分问题，这样不但可以巩固学过的知识，还能激发孩子的学习兴趣。提前预习不仅能让孩子在课堂上增加自信，更能让他们在预习中学会自学。因此，妈妈应重视对孩子预习习惯的培养，让孩子在预习中收获更多，为高效学习打下坚实的基础。

正好现在有时间，咱们先预习新课程吧。

好，我也想看看新课讲的是什么内容。

课后复习很关键，
教会孩子温故而知新

德国心理学家赫尔曼·艾宾浩斯的研究表明，人类大脑遵循遗忘规律，对新事物记忆会随着时间的推移而逐渐遗忘。他在表2-1中呈现了这个遗忘规律，从表中不难看出，最初遗忘速度很快，之后速度变慢。基于这一规律，艾宾浩斯绘制了著名的"记忆遗忘曲线"。我们不难发现，学习后如果不抓紧时间复习，知识就会逐渐被遗忘。

复习是巩固知识、加深理解的重要环节。对于容易放松的孩子，家长需引导他们认识到复习的重要性。写作业也是一种复习，两者可相互结合。起初，通过简单的提问，如"今天学到了什么"来引导他们回忆所学。之后，鼓励他们自我反思，找出疑惑和薄弱环节，我们可提供指导或让他们自主钻研。只有这样，孩子们才能逐渐形成良好的复习习惯，提升学习效果。

你能告诉我，你学习的诀窍吗？

每次老师讲完，我都会复习一遍，加深记忆。

及时复习，巩固旧知，收获新知，是新旧知识衔接与系统化的关键。复习有助于短时记忆材料顺利转化为长时记忆，从而构建稳固的知识体系。复习不仅能深化对所学内容的理解，更能促进知识的内化与运用。

贝贝对学习总是充满热情，他深知，要想真正掌握知识，仅仅依靠课堂上的听讲是远远不够的。因此，他特别注重课后对课堂内容的复习。

表2-1 艾宾浩斯遗忘规律

时间间隔	记忆量
刚记完	100%
20分钟后	58.2%
1小时后	44.2%
8~9小时后	35.8%
1天后	33.7%
2天后	27.8%
6天后	25.4%

一天，贝贝在课堂上学习了一个复杂的数学定理。虽然老师在讲解时他听得津津有味，但下课后，他发现自己对定理的理解还是不够透彻，有些细节仍然模糊不清。于是，贝贝决定利用课余时间对课堂内容进行复习。他重新翻开课本，逐字逐句地阅读定理的推导过程，同时用笔在纸上反复演算。遇到不懂的地方，他会停下来仔细思考，或者向老师和同学请教。

通过不懈的努力，贝贝终于完全掌握了这个定理。他对这个定理的理解变得更加深刻，应用起来也得心应手。在接下来的数学考试中，他轻松地解答了与这个定理相关的题目，取得了优异的成绩。

课后复习至关重要，它是对课堂知识的再消化与吸收的过程。对于课堂上稍显模糊的知识点，如果对它不管不顾，只会让知识的漏洞越来越大。另外，课堂时间有限，老师对非重点内容的讲解可能不够详尽，不复习则易遗漏，遇到难题时便会手足无措。所以，家长要提醒孩子课后认真复习，确保真正掌握了课堂知识。不过，复习也要讲究方法，如果盲目复习，很可能耗费了大量时间却没有效果。

今天你来我家，咱们一起写作业吧！

行，正好再把老师今天讲的内容复习一遍。

复习的步骤

　　及时复习是关键，需要从多个方面着手。首先，在理解的基础上复习，回顾课堂内容，加深对知识的印象。其次，以课本为根据，查缺补漏，确保知识的完整性。再次，重点复习基础要点，牢记基本概念，熟悉公式，熟练掌握例题。最后，总结遇到的重点问题，及时整理问题，有问题就要问。此外，循环复习非常重要，通过循环复习，知识将在头脑中不断重复，加深记忆，加强联系，促进思考，甚至可能激发出新的学习思路。

> 下节自习课我想复习功课，但是不知道从何入手。

> 你可以先回顾老师课堂上讲的内容，加速记忆。

针对遗忘规律及时复习

　　遗忘的规律是起初遗忘速度快，遗忘内容多。随着时间的推移，遗忘速度逐渐放缓，遗忘内容减少。因此，学习新知识后，我们应把握时机，及时复习巩固，以强化知识之间的联系。另外还要记住一点，理解是记忆的前提，只有深刻理解后的知识才更难遗忘。要有效复习，孩子要全神贯注于课堂，努力听懂每一堂课，提高学习效率；积极思考，勇于提问，确保当天的问题当天解决，绝不拖延。这样一来，不仅能牢牢地掌握知识，还能培养积极的学习态度和良好的学习习惯。

　　小凯聪明好学，总是渴望掌握更多的知识。然而，他发现，每当学完新的知识点后，如果不及时复习，很容易就会忘记。有一天，小凯学习了一个新的数学概念——二次函数。但是学完不久他就发现，自己对二次函数的图像和性质有些模糊了。于是，小凯决定及时复习一下。他回到家中，拿出课本和笔记本，开始回顾课堂上的内容。他重新阅读了课本上的定义和例题，然后对照笔记本上的记录，一步步地梳理二次函数的图像变化和性质。在复习的过程中，小凯遇到了一些困惑，他拿出纸笔，开始自己画图、计算，还上网搜索了一些相关的资料和习题，进行了更深入的复习。经过一段时间的复习，小凯发现自己对二次函数的理解更加深刻了。他不仅能够熟练地画出二次函数的图像，还能够准确地分析出函数的性质。更重要的是，他发现自己对数学的兴趣也变得更加浓厚了。

"五到"复习法

"五到"复习法是一种高效的学习策略，它要求我们在复习时做到眼到、手到、口到、耳到，以及心到。这五个方面的协同作用，能够极大地提升我们的复习效率和记忆能力。其中，"心到"尤为重要。它意味着我们需要全身心地投入复习中，让思维活跃起来，积极主动地去理解和记忆知识。当我们用心去感受知识，用大脑去思考问题时，记忆的效果自然会更好。

研究表明，单一的学习方式往往效果不佳。光看只能获取知识的20%，光听只能获得知识的15%。如果我们能够眼看、耳听、手写、脑思同时并用，那么获取知识的效率将大幅提升，达到50%甚至更高，由此可见"五到"复习法的重要性。

重视听课的重要性，
引导孩子做足学习准备

学习是一个综合性的过程，需要学生综合运用预习、听课、写作业、复习、考试等多个环节。每一个环节都紧密相连，互为支撑。然而，现实中，很多孩子忽视了这些联系，或因已掌握知识而不重视听课，或因依赖家长帮助而失去主动思考的机会。因此，我们需强调听课的重要性，引导孩子认真听讲，积极思考。

课堂是孩子获取知识的重要场所，不认真听讲会导致课后作业困难重重，考试成绩不佳，自信心随之受到打击。妈妈应引导孩子认识听课的重要性，并传授听课技巧，如集中注意力、关注重难点、记下关键信息、积极提问等，以提高听课效率。

孩子上课不专心听讲是常有的事，但家长应引导孩子以专心听讲为主，适时记录要点。如果开了小差，就要及时调整心态，鼓励孩子积极回答课堂问题，锻炼思维能力和自信心。同时，要让孩子养成课后总结的习惯，将老师讲的知识消化吸收，变成自己的智慧。

霓娜是一位聪明活泼的小女生，然而，她在学习上让父母颇感头疼。每次做作业，她总是拖拖拉拉写到半夜，考试成绩也不尽如人意。经过与老师的沟通，妈妈发现霓娜上课时经常心不在焉，喜欢摆弄玩具或打扰同学。

为了改变这一状况，妈妈果断采取行动，没收了霓娜的玩具，并耐心地对她进行思想教育。妈妈告诉霓娜，上课时要专心听讲，把与学习无关的东西收起来，不要分心。同时，妈妈也鼓励霓娜，只要她能在课堂上认真听讲，课后及时复习，成绩一定会有所提高。

在妈妈和老师的共同努力下，霓娜逐渐改掉了上课不专心听讲的坏习惯。她的听课效率大大提高，考试成绩也有了明显的提高。这一变化充分说明，把握好课堂45分钟对于孩子的学习至关重要。只有专心听讲，才能更好地掌握知识，提高学习成绩。

学会高效听课

为了充分利用课堂上的宝贵时间，孩子必须学会高效听课。这一过程可分为三个关键步骤。首先，做好课前准备至关重要。物质方面，确保课本、笔记本和文具齐全无缺；身心方面，调整至最佳状态，排除杂念，全身心投入课堂中；知识方面，结合预习，带着问题去听课，增强学习效果。其次，上课时要实现多感官协同合作。眼睛要紧跟老师，捕捉每一个细节；耳朵要仔细聆听，掌握知识的精髓；嘴巴要敢于表达，积极参与讨论；双手要勤记笔记，巩固记忆；大脑要快速思考，紧跟老师的节奏。最后，课堂结尾时，孩子要紧跟老师的步伐，确保不遗漏任何知识点。

刚才有个地方没记上，你笔记能借我用用吗？

当然可以，写完了记得还给我。

妈妈如何帮助孩子

在帮助孩子提高听课效果时，我们可以分两步进行。首先，要让孩子明白听课不仅仅是为了完成作业，更是为了掌握知识。妈妈要引导孩子关注对知识的全面学习，理解作业只是检验所学知识的一种方式。只有真正掌握了老师讲解的内容，孩子才能灵活完成各种作业。其次，妈妈可以教孩子利用作业来检验听课效果。当孩子遇到难题或错误时，这意味着他们在听课过程中存在知识漏洞。通过作业的反馈，孩子可以及时发现并弥补这些漏洞，提高学习效果。

妈妈，我明明很认真听课，但为什么就是听不懂呢？

听课不仅仅要"听"，还要认真思考，真正掌握老师讲解的内容。

写作业的基础准备

充分的准备是高效完成任何任务的关键，写作业也不例外。要想让孩子高效地完成作业，首先得确保"万事俱备"。这"万事"之中首要的便是工具准备。铅笔、橡皮、尺子等基本文具，以及字典、练习册等辅助工具，都是写作业不可或缺的"战友"。妈妈要引导孩子学会自己准备这些工具，逐渐培养他的独立性。此外，环境准备同样重要。一个安静、整洁的学习环境，能够让孩子更加专注地投入写作业中。做好这些准备，就像是给写作业这艘船装上了强劲的帆和稳定的舵，让孩子在学习的海洋中乘风破浪，顺利前行。

丁丁是一个聪明活泼的小学生，他深知写作业是学习的重要环节。为了确保自己能够高效地完成作业，丁丁养成了良好的习惯。每天放学后，丁丁回到家的第一件事就是走到自己的书桌前，仔细检查自己的文具是否齐全。准备好文具后，丁丁会走到窗前，打开窗户，让新鲜的空气流进房间。然后，他回到书桌前，开始整理桌面。他把书本、文具等物品摆放得整整齐齐，确保自己写作业时能够一眼找到所需的东西。他还特意调整了书桌上的台灯，让光线更加明亮柔和。一切准备就绪后，丁丁坐到书桌前认真地写起作业。由于工具和环境都准备得十分充分，丁丁写作业的效率非常高。妈妈看到丁丁为了写作业这么用心地，还写得这么好，不禁露出了满意的笑容。

写作业的心情准备

在写作业时，一定要做到心如止水，才能保证高效。写作业前，孩子应妥善处理杂念，无论喜忧，都不应扰乱心神。一旦遇到难题也不能烦躁，要冷静应对。同时，孩子还应做好思想准备，提醒自己即将进入作业状态，明确作业要求与计划安排，保持思路连贯，直至作业圆满完成。这样的准备，能帮助孩子更好地投入写作业中，提高学习效率和质量。

要不要吃个苹果？

不吃了，我要写作业了，妈妈您别打扰我。

写作业这事要规划，
运用策略帮孩子激发学习热情

有些孩子和妈妈认为作业顺序无关紧要，实则不然。我们擅长且喜欢的事情做起来得心应手，面对不擅长或难度大的任务内心往往抗拒，执行起来也会更慢，耗时更多。因此，合理规划作业顺序，不仅能提高效率，还能增强孩子的学习积极性。

许多孩子常抱怨自己被繁重的学习任务压得喘不过气，根本没有休息时间。实际上，妈妈应给予孩子适当的课外自由，这对他们的学习大有裨益。明智的妈妈会为孩子留出"放飞自我"的时间，让大脑得以放松，反而更有助于高效地完成作业。

对于孩子而言，写作业也需要策略。妈妈最好帮助孩子规划作业顺序，如先易后难，或先主后次。这样不仅能帮助孩子以最佳状态高效地完成作业，更能让他们领悟高效完成作业的技巧，从而激发学习热情，提升自我管理能力。

> 妈妈，我回来了，今天有什么安排？

> 今天没有学习任务，你可以随意安排自己想做的事情。

淘淘写作业尤其是写不擅长的数学作业的时候总是十分拖拉。他的妈妈注意到了这个问题，决定帮助他规划作业顺序。

妈妈首先观察了淘淘写作业的习惯，发现他总是先写自己擅长的语文作业，然后再去面对数学作业。这样，当他遇到数学难题时，往往已经疲惫不堪，于是就开始拖延。

于是，妈妈建议淘淘改变策略，先写数学作业。虽然一开始淘淘有些不情愿，但他还是听从了妈妈的建议。慢慢地，他发现自己完成数学作业的效率提高了，而且因为早早完成了难题，心情也变得轻松起来。

之后，淘淘开始主动规划自己的作业顺序，先完成自己不擅长的科目，再去完成擅长的。他逐渐发现，这样做不仅提高了写作业的效率，就连成绩也提高了。他明白了，高效完成作业不仅要有技巧，还需要合理安排时间。

注重写作业的顺序

陪伴孩子写作业，合理规划作业顺序至关重要。首先，建议引导孩子从简单的作业开始，逐渐攻克难题，减少心理压力。其次，若孩子对某类题目特别感兴趣，不妨让他们先尝试，再转向常规题目，这样更能激发他们的学习热情。此外，对于那些有具体时间要求的作业，务必优先处理，以确保任务及时完成。父母应认识到，孩子写作业时的精力和状态随时间推移而变化。因此，合理的作业排序能让他们更有效地利用时间，减少疲劳感。

妈妈先陪你把不擅长的题目攻克，然后你再写自己擅长的。

那您先陪我写数学题！

适度给予孩子"自由时间"

某研究单位针对一所中学的100名学生展开调查，结果显示：30名学生在放学后除了完成父母安排的学习任务，还需参加补习班或兴趣班，几乎没有个人自由时间。仅有10名学生表示每天能获得至少一小时的自主时间，用以追求个人兴趣。这显示出许多妈妈过度强调学习，几乎不容许孩子有任何休闲时光。然而，孩子玩耍不仅不是浪费时间，反而有助于提升大脑的反应能力。因此，妈妈应适度给予孩子"自由时间"，鼓励他们自主规划，有目的地"玩儿"。这样既能舒缓学习压力，又能培养孩子的专注力和自我管理能力，实现学习与休闲的平衡。

> 妈妈，我的作业写完了，我想和朋友去踢足球。

> 当然可以了，记得注意安全。

如何规划孩子的课外时间

在规划孩子的课外时间时，我们需关注几个关键要点。首先，明确计划时间段至关重要，如"15点到16点去踢足球"，这样孩子能自我约束，避免超时影响其他活动。其次，计划要具体明确，避免模糊导致孩子迷茫。此外，计划的制订必须现实可行，考虑实际情况，以免计划落空。最后，家长在计划的执行中扮演着重要角色，应尽量避免因自身原因打乱孩子的计划。当孩子需要配合时，也应积极参与，如陪伴孩子散步。通过共同的努力，孩子不仅能感受到完成计划的成就感，也能在有序的生活中培养自律和时间管理能力。

文文特别喜欢打篮球和骑自行车，然而，他总是觉得自己的课外时间安排得不够合理，常常因为玩儿得太开心而忘记了时间，导致作业没有完成。

文文的妈妈决定帮助他制定一个课外时间安排表，文文兴奋地提出了自己的想法，比如每天下午6点到7点去打篮球，周末早上骑自行车去公园玩儿。

妈妈听了文文的想法后提醒他，计划一定要建立在现实的基础上，不能太过理想化。比如，文文想去动物园玩儿，但那个时间段动物园是闭园的，所以他们调整了计划，选择了其他适合的活动。

最后，妈妈和文文一起制定了一份详细的课外时间安排表，并贴在了墙上。文文开始按照表格上的计划安排自己的时间，妈妈也积极配合文文的计划，让他感受到了家庭的温暖和支持。文文感到十分开心和满足，他知道自己正在走向更好的未来。

给孩子一定的自由支配时间

孩子渴望自由支配自己的时间，但部分家长担心这样会影响学习。但实际上，丰富的课外活动是有助于大脑开发和学习效率的提升。聪明的家长深知劳逸结合的重要性，他们鼓励孩子自主安排课外时间，探索兴趣所在。很多妈妈对课外时间的学习寄予厚望，觉得能迅速提升成绩，其实这只是一厢情愿。孩子在学校已经忙碌了一天，大脑十分疲惫，回家后需要先放松一下。给予孩子一小时的自由，让他们通过兴趣活动舒缓压力，效果会更好。

妈妈，这个周末我想自己安排时间。

我支持你劳逸结合，作业写完以后适当出去放松一下。

妈妈千万别只看重成绩，要引导孩子在玩儿中学

身为妈妈，我们深知学习的重要性，常希望孩子早早接受教育，赢在起跑线上。然而，学习并非仅限于书本和课堂，孩子自出生起就在探索世界，学习生存与独立，他们所需学习的内容远不止我们强加的数数、认字。因此，妈妈不应只让孩子盲目学习，还要让他们有意义地玩耍，引导他们以更自然的方式来学习。

分数虽然重要，但学习知识与快乐学习更为关键。逼迫孩子追求高分，可能会让他们失去对学习的兴趣和快乐，甚至产生厌学情绪。过度关注分数，不仅让孩子承受着巨大的压力，也剥夺了他们的快乐。父母应把视野放宽，不应只关注课内学习和作业，更应引导孩子扩大知识面，从生活中汲取智慧。

对不起，我这次没有考好。

妈妈希望你能学到知识，体会学习的乐趣，而不是被成绩定义。

在成长的初期，孩子的能量主要用于身体发育，构建安全感与自信。过早的学习可能透支其能量，导致日后难以全力以赴地完成某件事。生活对孩

子而言是认知的过程，玩耍则是他们探索世界的方式。玩耍可以激发学习的欲望，让孩子在快乐中成长。

那天，冉冉怀着沉重的心情从老师手中接过数学试卷，59分，这个数字像巨石般压在她心头。她垂头丧气地回到家，站在门边，低着头，不敢看妈妈的脸。她小声地说："妈妈，我数学考试只得了59分。"妈妈一听，脸色骤变，一记响亮的耳光落在冉冉的脸上。妈妈瞪大眼睛，愤怒地抓起苍蝇拍，狠狠地打在冉冉的屁股上。

吃饭时，冉冉默默承受着妈妈的责骂，泪水与饭食混合在一起，滋味难言。之后的日子里，冉冉成了家里的"出气筒"，洗碗、扫地等家务活都成了她的任务。

后来，冉冉努力学习，终于在一次考试中取得了100分的好成绩。她兴高采烈地跑回家，高举着试卷说："妈妈，你看，100分！"妈妈一看，喜笑颜开，紧紧地抱着冉冉，笑得合不拢嘴："我的女儿真棒！"

不要过于看重分数

妈妈应该深思：送孩子上学，是为了求知还是追求高分？分数虽能反映学习成果，但并非唯一标准。学习成绩好的孩子未必能完美展现所学，也未必善于应用所学。过分看重分数，会让孩子失去学习的乐趣，考试时紧张也可能影响发挥。妈妈应明白，孩子的身心健康远胜于分数。不要逼迫孩子争高分，因为用其身心健康和快乐换取分数，得不偿失。妈妈应把握好尺度，让孩子在快乐中学习并成长。

我已经很认真地复习了，为什么成绩还是不尽如人意？

或许你应该多和朋友出去玩儿，劳逸结合才能提高学习效率。

许多妈妈担忧"玩儿会影响学习"，实际上，玩耍与学习并不矛盾，而是相辅相成的。有益的玩儿就是学习，玩儿中有学，科学的学习也可以是"玩"。玩儿能教孩子认识世界，提高动手能力，培养合作精神，锻炼实践能力、模仿能力、创造能力等多方面的能力。在游戏的过程中，孩子还能养成遵守规则的习惯，对未来的社会生活大有裨益。因此，妈妈们应认识到，玩耍是孩子成长的重要部分，它能让学习变得更加轻松愉快，有助于孩子的全面发展。

玩耍也需要计划

学习需要计划，玩耍也需要计划。与孩子一同讨论玩儿的计划，不仅能让他们在放松和快乐中倾听家长的建议，还是增进亲子关系的绝佳方式。陪伴孩子玩耍时，由于孩子的大脑活动强度大，适当的运动就显得尤为重要。家长可以与孩子约定，每当学习感到疲倦时，就一同下楼活动，无论是跑步、做操还是玩游戏，都是不错的选择。运动中的交流还能帮助妈妈更深入地了解孩子的真实想法。重要的是，妈妈不必过于刻板地规定时间，孩子何时需要放松，就适时陪伴他锻炼，让亲子时光更加温馨。

11岁的妮妮学习十分刻苦，每天她都会专心做题，就连课间她

都会在教室里埋头苦读，甚至连上厕所都不忘带着书。她常以各种理由回避上音乐课和体育课，独自在角落里继续学习。放学路上，她总会拿着一本书，边走边看。在家里，除了吃饭，她几乎将所有时间都用在了学习上。当同龄的女孩儿们沉醉于漫画的世界时，她仍在书海中遨游。每天晚上她都会熬夜学习，不到十二点绝不睡觉。因此，同学们戏称她为"学习机器"。然而，尽管她如此努力，成绩却并不突出。其实，妮妮的问题在于忽视了劳逸结合的重要性，长时间的学习让她身心疲惫，学习效率自然大打折扣。这种情况在不少孩子身上都有所体现，他们虽勤奋却忽略了休息，最终影响了学习效果。

学会劳逸结合

事实表明，优秀的孩子并不是只知埋头苦读，而是既擅长学习，又善于玩耍，全面发展。妈妈培养孩子的目的并非仅求高分，更在于拓宽其知识视野，使其成为快乐的人。妈妈应该视玩儿为学习的延伸，教会孩子休息，树立劳逸结合的观念。这样做不仅能促进孩子全面发展，更利于身心健康。要知道，学习是长久的事，不必急于一时。孩子在玩儿中学习，让其感受快乐与自由。只有这样，孩子才可以在玩儿中探索未知，收获更多。

人家孩子都开始学习了，我家孩子就知道玩儿。

你家孩子还不到三岁，正是爱玩儿、爱探索的年纪，现在说学习太早了。

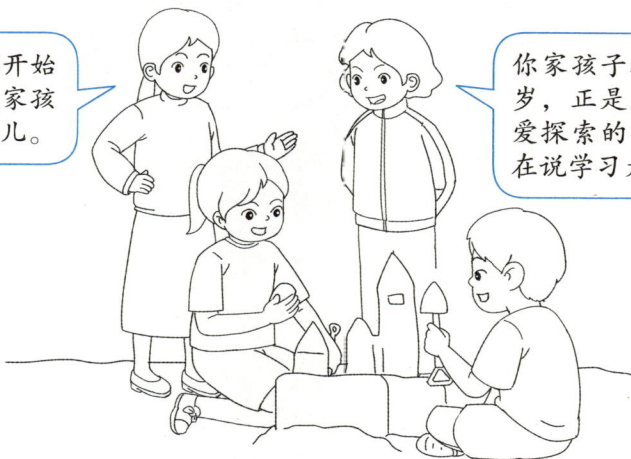

兴趣是最好的老师，
尝试培养孩子的学习兴趣

有些孩子对学习没什么兴趣，谈到学习就很痛苦。这说明他们缺乏学习的热情和主动性，自然很难取得好成绩。他们只是被动地学习，因此效率很低，时间长了，就会滋生厌学情绪。对于他们的成长来说，这是一个很大的障碍。

要激发孩子主动学习的热情，关键是要让他们先尝到学习的甜头。家长应该敏锐地捕捉孩子的微小进步，并及时给予肯定与鼓励。让孩子在愉悦中享受学习，逐渐养成自主学习的习惯。家长要牢记"欲速则不达"的道理，避免过度逼迫，以免孩子产生抵触情绪，影响学习效果。

这都几点了，还不快去写作业？

妈妈，我想再玩儿一会儿。

激发孩子的学习兴趣是一件需要投入时间和精力的事情，不能一蹴而就。妈妈应保持平和的心态，循序渐进地引导孩子。妈妈可以每天抽出固定时间陪伴孩子阅读，或一起背诵古诗词，点滴积累中培养孩子良好的学习习惯。

沫沫对学习并无太大兴趣，却怀揣着成为服装设计师的梦想，对芭比娃娃的服装设计情有独钟。一天，妈妈带她观看了一场精彩的服装表演，那华美的服饰与独特的设计让沫沫兴奋不已，她连连赞叹，眼中闪耀着对美的追求。

然而，当妈妈问及服装设计的基础知识时，沫沫却哑口无言。妈妈见状，温柔地告诉她："孩子，你的梦想很棒，但实现梦想需要知识的支撑。那些问题的答案，都藏在书本里。只要你愿意学习，总有一天，你能解答我所有的问题，并成为最出色的服装设计师。"

妈妈的话让沫沫如梦初醒，她明白了，学习并非枯燥无味，而是通往梦想的必经之路。自此，沫沫对学习有了新的认识，她不再抗拒，而是满怀热情地投入学习中去。

点燃孩子的求知欲

很多小孩儿都拥有自己的独特爱好，家长如果能巧妙地利用这些爱好，就能点燃他们的求知欲。有了求知欲，就有了开启学习之门的金钥匙。当孩

我们有很多课程可以报名，还可以免费试听。

你们的课程很不错，不过我想参考孩子的意见，看他更喜欢什么。

子有了求知欲，就会对学习产生兴趣，自觉学习。即使孩子比较贪玩，家长也不要动怒或责怪其缺乏学习自主性。因为很多孩子还没有形成自主学习的意识，需要家长的引导与培养。而学习习惯的培养需要长期坚持与反复提醒，不是一两次提醒就能养成的。当孩子表现不佳时，家长应冷静地告知其当下应该做什么，而不是拿别人家的孩子跟他比，以免激起孩子的抵触情绪。

关注孩子的交友问题

俗话说得好："近朱者赤，近墨者黑。"这句话深刻地揭示了周围环境对人的巨大影响。一个孩子对学习是否充满热情，能否自发地去探索知识，与他所结交的朋友息息相关。如果他周围的朋友都热爱学习，日常交流也围绕这一主题，那么他自然会对学习产生浓厚的兴趣。相反，如果他身边的朋友都不重视学习，而是追求物质享受或有其他不良嗜好，那么他可能就会受其影响，对学习产生抵触情绪。因此，在孩子选择朋友时，家长应给予关注

戴耳机听音乐容易分心，你这样根本静不下心来学习。

我最好的朋友就是这样做的！

与引导，鼓励孩子多与品学兼优的伙伴交往，远离那些对学习漠不关心、品行有问题的同伴。

让孩子感受到学习的快乐

让学习成为孩子的快乐源泉，是激发孩子学习兴趣、培养自发学习习惯的关键。首先，学习绝非惩罚，家长应避免用重复练习等方式惩罚孩子的错误，以免磨灭孩子对学习的热情。其次，要巧妙引导孩子的兴趣，从有趣的课外书、家庭科学小实验到诗歌朗诵会，都是点燃他们好奇心的火花。最后，别忘了适时表扬和鼓励，这是孩子进步的不竭动力。恰到好处的鼓励能让孩子在学习中体验到成就感，感受到学习的快乐，进而将学习变为自觉行动。

小莉对学习总是提不起兴趣，觉得它枯燥无味。她的妈妈注意到了这个问题，决定寻找方法让学习变得有趣起来。

有一天，小莉的数学题做错了，但妈妈并没有惩罚。相反，她们一起坐下来，妈妈耐心地讲解，让小莉明白错误的原因。晚上，她们一起玩儿起了有趣的数学游戏，小莉发现数学原来这么有意思。

她的妈妈还注意到小莉对自然科学很好奇，于是她们买了一个简易的科学实验套装。在家里，她们一起做实验，观察现象，小莉对科学的热爱与日俱增。

周末，家里举办了诗歌朗诵会，小莉朗读了一首自己喜欢的诗歌，赢得了家人的掌声和赞赏，她感受到了学习带来的成就感和快乐。

渐渐地，小莉对学习产生了浓厚的兴趣，她变得爱学习了。她知道，学习不是枯燥无味的，而是一件充满乐趣和成就感的事情。

鼓励孩子独立思考

当孩子遇到学习难题时，家长应鼓励其独立思考，避免形成依赖心理。与其指责孩子没有认真听讲，不如耐心分析、梳理问题，指导孩子具体执行。我们可以适当地给孩子一些提示，引导他们逐步找到答案，让他们体验到独立思考解决问题的喜悦。同时，我们也可以教给孩子一些具体的思考方法，比如逆向思维、发散性思维等，帮助他们拓宽思路。这样一来，孩子不仅能学到知识，更能学会如何学习，为他们的未来发展打下坚实的基础。别忘了，我们的目标是让孩子成为一个独立、自主的学习者，而不仅仅是一个知识的接受者。

第三章

帮助孩子提升时间管理的能力

时间管理是自我管理的核心，对缺乏自制力的孩子来说尤为重要。家长要让孩子意识到时间管理的价值，摆脱对他人提醒的依赖。然而，现实中许多孩子对时间缺乏深刻认识，常显得拖沓而无序。因此，我们应强化他们的时间观念，教会他们高效管理时间，做时间的主人。

培养孩子的时间观念，
让孩子学会珍惜时间

孩子写作业时拖拉，根源在于对时间的漠视。低年级孩子虽然知道上学不可迟到，但写作业时常表现得散漫。即使学过时间知识，他们也未能将其应用于生活中。因此，孩子在写作业时常抱着"时间尚多"的心态，先玩儿后写。在这背后，也与部分家长的纵容有关，家长需要加强引导，培养孩子的时间观念。

孩子对时间的模糊认识，有一部分原因在于家长未能在入学前对其强调时间观念。入学前，孩子以自我需求为导向，缺乏严格的时间要求。因此，孩子的时间观念不强，父母负有责任。家长应尽早引导孩子认识时间，学会利用时间，形成良好的时间观念。

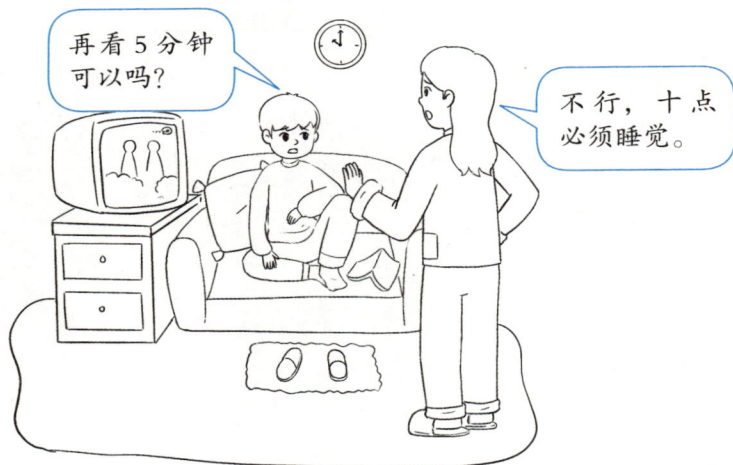

时间作为生命的度量，其重要性远超写作业这一环节。通过引导孩子高效完成作业，家长可以培养他们对时间的珍惜与合理利用。这不仅是提高学习效率的手段，更是教会他们如何掌控生活、规划未来的关键。

　　小凯的妈妈是一家装修公司的室内设计师，每天都忙于应对老板与客户的催促。每当客户问她"图稿何时能完成"时，她总是以一句"快了，马上"来安抚对方。然而，在挂断电话后，她并没有马上去工作，却沉迷于游戏、视频，甚至直接睡觉了。时间长了，小凯也受到了影响，对待作业总是敷衍了事，考试时态度懈怠，甚至常出现只做一半试卷的情况。为此，老师十分着急，和小凯的妈妈进行了电话沟通。当妈妈询问儿子原因时，他却天真地回答："我以为时间够用。"这暴露了孩子对时间观念的淡薄，也反映了妈妈在家庭教育上的疏忽。这样的家庭环境，无疑会对孩子的成长造成不良影响。

孩子不珍惜时间的原因

　　孩子往往不懂得珍惜时间，这背后有以下原因：首先，孩子们的时间观念尚未完全成熟，他们常常对时间的流逝和长短缺乏准确地感知，这使得他们在安排任务和活动时显得迷茫。其次，孩子的专注力集中时间相对较短，尤其是面对学习等不那么吸引人的任务时，他们的专注力更容易被外界事物所分散。此外，孩子的注意力具有外源性特点，他们容易被周围的事物所吸引，从而忽略了手头上的事情。这些特点使得孩子在学习和生活中常常显得不够高效和有条理。

你不是保证下午写完作业吗？

可现在也是下午呀。

引导孩子感悟时间的价值

在培养孩子时，我们必须有计划地引导他们感受时间的流逝，领悟时间的价值。家长可以利用沙漏或计时器，让孩子在日常生活中感知时间的长度，从而逐渐建立起对时间的基本概念。同时，家长要避免一开始就过分强调速度，以免引发孩子的反感。家长作为孩子的重要榜样，其时间观念和态度对孩子的影响深远。一个懂得珍惜时间的家长，更容易培养出对时间敏感的孩子。此外，家长可以借鉴犹太人的做法，用精确到秒的时间观来教育孩子，帮助他们清晰地认识时间，觉知时间的长短，从而更加高效地利用时间。

> 没关系，我们再来一次。

> 我没在规定时间内写完口算。

引导孩子理解时间的意义

孩子往往无法充分认识到时间的宝贵，这源于他们缺乏对时间价值的深刻体会。在日常生活中，家长可以巧妙地引导他们理解时间的意义。比如在孩子做作业时，可以帮其记录每次所需的时间，这样的直观体验可以让孩子真切地感受到时间的价值。此外，有专家指出，重复行为有助于孩子形成时间概念。因此，作为家长，不仅要告诉孩子"抓紧时间"，更要通过实际行动帮助他们树立正确的时间观念，学会利用自然时间，摆脱心理时间的束缚。

一天晚上，晓晓写作业时有点儿拖沓，等练完琴后已经没有了玩耍的时间。在她磨蹭的过程中，妈妈克制住自己，没有频繁催促。晓晓意识到练完琴后就必须洗漱睡觉，情绪有些低落，有些不高兴地说："我写了那么多作业，却没有玩耍的时间，真讨厌！"妈妈安慰她说："是呀，我本来也以为你练完琴后还能玩儿一会儿，没想到时间过得这么快。"随后，妈妈又说："有时候我也会有这样的感觉，仿佛什么都没做，时间就悄悄溜走了。"晓晓听后依然难过。这时，妈妈趁机说："晓晓，其实我有一个管理时间的好办法，你想知道吗？"晓晓泪眼婆娑地看着妈妈，急切地问："是什么办法呀，妈妈？"这一刻，她真切地体会到了不珍惜时间的后果，自发地产生了学习如何管理时间的渴望和需求。

培养孩子的时间观念

小孩子往往缺乏时间观念，对时间的流逝和长短难以有准确地感知。因此，家长可以利用一些实用的工具来帮助孩子建立时间观念。比如，可以教孩子看钟表，让他们了解时间的流逝和长短；或者利用沙漏，让孩子在沙漏漏完的时间内完成某项任务。这样一来，孩子就能通过亲身体验来感知时间的长度，逐渐培养其对时间的敏感度和管理能力。这些简单的做法不仅能够帮助孩子更好地安排学习和生活，还能让他们在未来的成长中更加高效地利用时间，取得更高的成就。

和孩子一起认识时间，
学会合理地支配时间

> 强化孩子的时间观念，要从认识时间开始。对于小学低年级的孩子来说，虽然学过时间知识，但并未真正将其融入生活。我们要帮助孩子将知识与实践相结合，比如利用钟表模型，让孩子亲手拨动时针、分针，直观感受时间流逝，再结合真实钟表观察学习，使时间概念更加生动具体。

为了强化孩子的时间观念，家长可以在执行每项日常活动时都明确提醒他们注意时间，如早饭、写作业和洗漱等，都可以限定在多长时间内完成，从而帮助他们建立实际生活中的时间感。同时，还可以通过画时间轴和钟表，让孩子更深刻地理解时间。

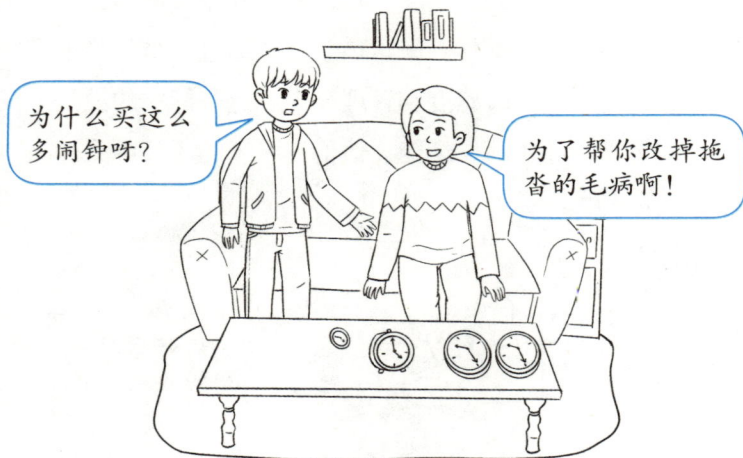

对于稍大一些的孩子，可以尝试一分钟专项训练，如口算或数字书写。在保证正确的前提下，让他们亲身体验一分钟内能完成的工作量，这不仅提升了其对时间的感知，也锻炼了专注力。

　　星期六的早上，小海起床后，发现自己有一大堆作业和课外活动需要完成。他匆匆忙忙地吃了早餐，然后坐下来开始写作业。可是，不一会儿，他就被窗外的鸟儿吸引住了，开始分心观察起鸟儿的活动。

　　时间过得很快，转眼间中午就到了。小海发现自己还有很多作业没有完成，心里开始着急。下午，他又尝试写作业，但又被电视里的动画片吸引，再次分心。

　　晚上，小海终于意识到时间的重要性，他坐下来专心致志地写作业。虽然有些累，但他还是坚持完成了所有作业。通过这次经历，小海学会了合理支配时间。他明白了要集中精力完成任务，不能分心浪费时间。从那以后，他每天都好好安排自己的时间，既完成了学习任务，又有时间玩耍和休息。

引导孩子合理安排时间

　　我们常感慨时间过得飞快，而孩子们总期盼时间能过得快一些。他们并不理解，时间一去不返，永远不会倒流。时间有它自己的步伐，不因人的期盼而加速，也不因人的迟疑而放缓。许多事情都有最佳时机，一旦错过，便无法找回。

　　因此，家长需引导孩子认识时间的宝贵，合理安排学习与休闲。写作业时，既要明确开始与结束的时间，也要合理安排完成各科作业的顺序。提醒孩子"能早做不晚做"，这样不仅能提高效率，还能多出空闲时间，用于做更多有意义的事情。让孩子学会珍惜时间，高效利用每一秒，是成长的必修课。

我还没吃完呢！

时间可不会等人。

教孩子制定并执行时间表

教孩子制定并执行时间表，是培养其时间管理能力的关键。这个时间表不仅是每天的学习与生活计划，更是孩子成长的引导图。家长可与孩子共同商议，明确在什么时间做什么事，并白纸黑字地记录下来。表格形式可参考学校的课程表，清晰明了。孩子每完成一项任务，便在相应位置打钩，自我监督。对于低年级孩子，家长需适当监督与提醒，高年级孩子则需逐渐学会自主管理。但家长应避免过度干涉，让孩子真正学会独立安排时间。坚持执行时间表两三个月，孩子将逐渐养成时间观念，写作业也会变得自觉。

宝贝，快去洗手。

我都多大了您还管这些。

对孩子进行时间训练

对孩子进行时间训练，首先要帮孩子确立固定的生活节奏，培养良好的时间习惯。比如，我们可以制定"晨起五部曲"，让孩子早晨起床后按顺序完成穿衣服、叠被子、洗漱、早餐和出门前检查等任务，每项任务都有适当的时间安排。同时，也要灵活处理时间安排，教孩子学会自主管理时间。除了"晨起五部曲"，我们还可以制定"作业N部曲"和"饭后安排N部曲"等，让孩子逐渐感受到时间的重要性，并体验到高效利用时间带来的良好感受。这样一来，孩子会逐渐形成一个生物钟，做任何事情都会有时间观念。

志明的玩心很重，每次写作业都拖拖拉拉。妈妈看在眼里，急在心上，决定帮助他树立时间观念。

一天，妈妈给志明讲了一个关于时间的故事。故事的主人公是个聪明的小男孩儿，他每天都会制定时间表，并严格按照计划去做事。渐渐地，他发现自己不仅学习效率提高了，还有更多时间去做自己喜欢的事情。

志明听完故事后，眼睛亮了起来。妈妈趁机拿出一张白纸，和志明一起制作了一个时间表。志明兴奋地参与其中，为自己的时间表出谋划策。从此，志明开始按照时间表安排学习和生活，他逐渐发现，原来时间是可以由自己掌控的。不久后，志明的时间观念越来越强，他变得自律、高效，学习成绩也有了明显的提高。妈妈看着志明的变化，心里感到无比欣慰。

更灵活的时间支配

当孩子养成了良好的时间管理习惯后，便可进一步赋予他更灵活的时间支配权。随着孩子逐渐成长，他会需要更多的自主管理时间的机会。以晨起时间为例，当孩子熟练掌握生活节奏后，固定的流程可能会变得过于机械，容易滋生惰性。此时，我们应引导孩子更精细地利用时间，如在日常活动中穿插知识回顾，根据个人需求灵活调整作息。在此过程中，我们要避免过度干预，充分尊重孩子的生活节奏。若发现孩子的时间安排存在不合理之处，我们应通过平和的沟通方式提出建议，避免引发亲子冲突。

妈妈，我可以玩儿玩具吗？

在我检查完作业之后可以玩儿。

教孩子合理安排时间，精准把握大块时间和碎片时间

> 如果孩子没能合理安排时间，可能会产生诸多问题。比如有些孩子过于贪玩，忽视学习，假期结束前才匆忙赶作业。还有些孩子学习水平有限，却执意挑战高难度题目，最终事倍功半。要让孩子知道，时间如流水，一去不返，浪费后无法挽回。

合理安排时间，对于孩子而言有着重大的意义。首先，它能提升做事效率，让孩子在有限的时间内完成更多任务。其次，合理安排时间仿佛让时间"变多"，因为高效完成一件事后，就能腾出更多时间用于其他事情上。最后，这样做可以让孩子的生活更充实，实现劳逸结合，既提高学习效率，又增添生活乐趣。家长应引导孩子正确认识时间，理解合理安排时间的重要性，为他们的行动提供正确指引。

所谓"大块时间"，指的是一段相对较长的连续时段，如完整的课堂时间或半小时的作业时间。若孩子能在这段时间内保持专注，不管是写作业还是做运动，都能获得丰硕的成果。

欢欢虽然学习刻苦，但是效率不高，成绩也不太好。这天，她去向老师请教，老师告诉她一个秘诀：利用"大块时间"集中精力学习，可以事半功倍。

欢欢决定试试看。放学后，她选择了一小时作为自己的"大块时间"。在这段时间里，她关上房门，坐在书桌前，专心致志地做数学题。起初她还有些分心，但很快就沉浸在数学的世界中。一小时过去了，欢欢惊讶地发现自己竟然完成了比平时多两倍的题目，而且正确率很高。她感到非常开心，原来利用"大块时间"真的可以提高效率。

从那以后，欢欢学会了更好地规划自己的时间，利用"大块时间"集中精力学习。她的成绩越来越好，她也越来越享受学习的过程。

如何让孩子把握大块时间

孩子要把握大块时间，首先，要明确哪些时间属于大块时间，并学会自主确定。接着，需对大块时间进行规划，包括任务的先后顺序和具体时间分配，以充分利用这段时间。如果时间分散，孩子可灵活调整任务顺序，将零散的时间凑成整块，以便处理重要事务。家长可给予建议，帮助孩子更好地规划时间。更重要的是，孩子应逐渐掌握时间分配的主动权，通过实践不断提高自己的时间管理能力。这样一来，孩子不仅能高效完成任务，还能在此过程中培养自律和责任感。

我可以一个人在房间待两个小时吗？

当然，我相信你会自觉的。

不可忽视的碎片时间

在大块时间之外，还有一些碎片时间。碎片时间虽然短暂，但积少成多，也能发挥重要作用。想要有效利用碎片时间，首先要确保大块时间得到充分利用，碎片时间应作为补充。孩子可以在碎片时间里进行零散学习，如每次学习几个单词，长期积累下来会有显著效果。此外，碎片时间也适合用来练习，如口算、背诵古诗或复习已学内容。通过坚持不懈地利用碎片时间，孩子可以巩固知识，提升技能。家长应引导孩子认识碎片时间的价值，并培养合理利用碎片时间的习惯，让孩子在忙碌的生活中也能高效学习，不断进步。

> 妈妈，车还有 10 分钟就到了。

> 10 分钟足够看一篇故事了。

日清工作法

对于孩子来说，良好的时间管理能力对其发展至关重要。为了帮助孩子更好地管理时间，家长可以引导孩子学习"日清工作法"，即坚持"今日事今日毕"的原则。这种方法能够促使孩子高效地完成每日任务，从而减轻心理负担，使学习和生活更加充实和有意义。要实现"日清"，首先，孩子需要学会合理规划时间。其次，孩子要认真对待已经安排好的事情。此外，家长还要教会孩子根据当天的情况灵活调整"日清"目标。

学习成绩优异的婷婷大方地和同学们分享了她的学习秘诀：巧妙地在计划之外设置弹性时间，既能让自己得到充分的休息与放松，又能高效地利用碎片时间。她深知早晨起床后的时光是记忆的黄金时段，因此会播放英文听力，让知识在耳边流淌，不知不觉中进入脑海。同时，她将英语单词、语法以及语文基础知识整理成小纸片，随身携带，利用零碎时间随时翻阅。即使是饭前短暂的等待时间，她也会拿出小纸片来温习知识点。婷婷明白，这些看似微不足道的零碎时间，积少成多，就能汇聚成巨大的学习能量，获得惊人的学习成果。她的这种高效学习方法，值得我们每个人去学习和借鉴。

番茄工作法

采用番茄工作法，妈妈为孩子设定25分钟的"番茄时间"，让孩子在这段时间内专心学习。学习结束后，给孩子一个短暂的休息时间，这样劳逸结合有助于大脑保持活力。首先，妈妈需要亲自演示如何使用这个计时器，确保孩子理解它的作用。在选择计时工具时，我们应追求实用性，避免那些华而不实、过于复杂的款式，防止它们分散孩子的注意力。每当孩子成功完成一个"番茄"周期，妈妈要及时给予正面的反馈和鼓励，让孩子更有动力继续使用这个方法。通过不断实践，孩子将逐渐养成良好的时间管理习惯，从而提高学习效率。

这是对你学习专注的奖励。

哇！谢谢妈妈！

有计划才能有方法，
引导孩子制订学习计划表

> 每个妈妈内心深处都怀揣着一个梦想，那就是希望孩子能够自发地热爱学习，轻松驾驭学业的各个方面，不再需要她频繁地催促和操心。其实，只要妈妈和孩子携手合作，共同策划一个清晰且实际的学习规划，这一目标并非遥不可及，而是可以逐步实现的。

制定学习计划表，首先要与孩子一起思考并列出每日待办事项，如休息、饮食、作业、阅读、练琴等。接着，筛选出必须完成的任务。随后，让孩子自主为任务排序并预估完成时间。这样，一份学习计划表便做好了。

> 加上看电视的时间吧！

> 写完作业看半小时怎么样？

然而，很多家长发现计划表难以执行，最终沦为摆设。原因就在于计划表制订之后没有被坚决执行。因此，制订计划表只是第一步，关键在于如何有效执行。

苗苗一直努力学习，成绩却始终不尽如人意。她带着困惑向妈妈问道："妈妈，我那么努力，为何成绩还是上不去呢？"妈妈听后，微微地笑了笑，安慰她道："苗苗，你已经足够努力了。现在，我们需要的是一个新的起点，一个新的学习方法。"

苗苗眨了眨眼睛，疑惑地问："新的起点？妈妈，我不太明白。"

妈妈耐心地解释说："你可以试着制订一个学习计划，把每周的学习重点和时间安排都列出来，然后按照计划一步步去执行。这样，你的学习会更有条理，效率也会更高。"

苗苗听后，若有所思地点了点头，说："妈妈，其实我早就想过这个方法，只是一直没有付诸行动。或许，我真的应该尝试一下。"于是，她开始按照妈妈的建议，每周精心制订学习计划。三个月后，她的成绩果然有了明显的提升。

用"留白时间"激发学习自主性

留白时间，是指孩子可以自由支配的宝贵时间。在这段时间里，他们可以随心所欲地阅读、游戏、创作，或是简单地发呆。我们不必过多干涉，只需确保他们不沉溺于电子游戏或电视即可。留白并非浪费时间，它是孩子积蓄精力的时刻，是他们为第二天的学习储备能量的时间。当我们看到孩子在家休息、放松，应感到欣慰，因为他们正在为明天的学习充电。此外，留白时间也是激发孩子自主性学习的关键。若孩子每天都能拥有足够的玩耍时间，他们会更有动力去高效完成作业。

在"试用"中调整学习计划表

学习计划表并非一成不变、一经制定就必须严格执行到底。如果计划表不合适，却坚持执行，就会给孩子带来不必要的压力，导致孩子对学习产生畏惧心理，适得其反。因此，我们可以与孩子共同约定一个"试用"期，比如七天或者半个月。在这段时间里，双方都可以亲身体验新的计划表是否合适，是否存在需要调整的地方。这样，学习计划表才能真正发挥其作用，既适应孩子的需求，又促进他们的学习成长。

你根本没有按照计划表做事！

我又不是机器人！

坦然接受计划中的不可预见性

你是否也遭遇过这样的困境：与孩子精心制订的计划，却因为各种原因被打乱。此时，我们可能会不自觉地责怪孩子，这样做会让孩子更加沮丧，认为自己的自控力差，制订计划毫无意义。其实，生活中总会有许多不可预见的状况，打乱计划是常有的事。制订计划表，是为了更好地管理时间，而非用它来苛责自己。当计划无法如期执行时，我们应保持平和的心态，坦然接受并调整。请记住，放松地"回来"，重新出发，才是最重要的。毕竟生活总是充满了变数和惊喜，我们需要做的是学会灵活应对，享受每一个当下。

　　飞飞为自己制订了一份详细的学习计划，然而，某天因为一些突发情况，他没能按计划完成学习任务。看着未完成的事项，飞飞感到十分沮丧，甚至开始怀疑自己的能力和自控力。

　　妈妈发现了飞飞的情绪变化，轻轻走到他身边，温柔地说："飞飞，别难过。生活中总会有一些意外情况打乱我们的计划。这不是你的问题，也不代表你的自控力差。制订计划是为了帮助我们更好地管理时间，而不是管束我们。你看，每次你按照计划学习，都取得了不错的成绩。这次没完成也没关系，我们可以调整计划，重新出发。请你记住，重要的是你的努力和坚持，而不是计划执行得是否完美。"

　　听了妈妈的话，飞飞的心情逐渐好转。他明白了，遇到挫折时，重要的是学会调整心态，重新找回自己的节奏。他感谢妈妈的理解与支持，决定继续执行学习计划，以迎接未来的挑战。

学会制订并执行计划

　　在指导孩子制订计划时，家长要强调计划的可行性与实用性。如果计划过于烦琐或难以达成，不仅会让孩子失去信心，还会使其产生抵触心理。一个好的计划应该是简单明了，即符合孩子的实际能力的。制订计划只是第一步，执行才是关键。家长应陪伴孩子，监督其按计划行事，确保目标得以实现。同时，计划要有优先级，明确哪些任务紧急且重要，哪些可以稍后处理。没有计划，孩子容易陷入盲目与混乱，无法高效地完成任务。只有学会制订并执行计划，孩子才能有条不紊地应对生活与学习中的种种挑战，真正做到事半功倍。

删减掉一些怎么样？

我今天又没完成计划。

改变孩子的拖延习惯，写作业不再拖拉

孩子写作业总是拖拖拉拉，明明可以迅速完成的任务，却总被各种理由拖延。有相当一部分家长的吼叫，其源头都可以追溯到孩子的拖拉磨蹭。然而，吼叫可能暂时能让孩子加快动作，但长远来看，吼叫不仅可能破坏亲子关系，还可能让孩子变得更为叛逆或产生自卑心理。因而，我们要寻求更加温和的方式。

做事拖拉的确是许多孩子甚至成年人都会有的毛病，而吼叫绝非解决问题的良策。吼叫只会加剧孩子的紧张情绪，损害亲子关系，甚至让孩子产生逆反心理。解决问题需要耐心和理解，通过有效沟通和合理引导，帮助孩子认识到时间管理的重要性，培养他们做事自律、高效，才能真正摆脱拖拉的困扰。

你到现在都没有打开书包吗？

那又怎样？

孩子拖拉的坏习惯确实令人头疼，但关键在于我们要教会他们如何有效地管理时间。要让孩子明白，每件事情都有其重要性，应学会根据任务的紧急程度和重要性进行排序。只有这样，他们才能更专注地完成任务，提高效率。我们需要耐心指导，逐步培养孩子的时间管理意识。

乐悦是小学五年级的学生，做事总是慢条斯理，无论是起床、吃饭，还是其他日常琐事，都不忙不慌。这让她的母亲邢女士十分焦虑，多次催促却收效甚微。

尤其到了周末，乐悦的拖延症更加明显。作业总是拖到最后关头才开始写，有时甚至需要熬夜完成。日常写作业也常常拖到很晚，甚至需要第二天清晨去补。邢女士和丈夫尝试了各种方法，从温和的劝说到严厉的责备，都难以让乐悦有所改变。有时，乐悦还会趁他们不注意，偷偷溜出去玩耍，这让邢女士感到十分无奈。

为了改变乐悦的拖延习惯，邢女士和丈夫决定采取更为严格的措施，为她制定了一系列规矩。虽然取得了一些成效，但邢女士深知，要想彻底改变乐悦的拖延症，还需要付出更多的耐心和努力。

孩子拖拉之谜：四大原因揭秘

孩子拖拉，往往并非单一因素所致。首先，有些孩子面对任务时内心抗拒，因为"不想做"而故意拖延。其次，缺乏有效的方法导致孩子拖拉，他们不知从何下手，于是选择逃避。再次，追求完美的心理作祟，孩子担心做不好而迟迟不肯开始。最后，天生的慢性子也是部分孩子拖拉的原因之一，他们做事的节奏较慢，并非故意拖延。了解了这些原因后，家长应该有针对性地引导孩子，帮助他们克服拖拉的习惯，培养高效的学习和生活方式。

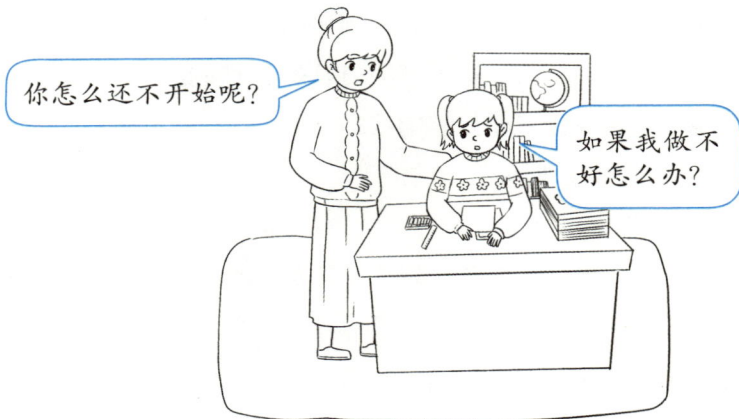

你怎么还不开始呢？

如果我做不好怎么办？

尊重孩子的时间安排，引导高效完成作业

孩子做作业拖拉时，家长切忌盲目抱怨。每个孩子都有自己的学习节奏和方式，需要被尊重。家长应深入了解孩子的学习特点，以引导而非干涉的方式帮助孩子。家长可以与孩子共同制订学习计划，明确任务和时间节点，同时给予孩子适当的自主权。在孩子遇到难题时，耐心指导，鼓励他们自主解决。这样的做法不仅有助于培养孩子的自律性，还能增进亲子间的理解与和谐。

引导孩子制订作业计划，告别拖拉的习惯

孩子写作业时总是拖拖拉拉，其实，解决这一问题的关键在于引导孩子学会给自己制订作业计划。家长可以鼓励孩子将每天的作业内容列出来，然后按照重要性和紧急程度进行排序。接着，制作一个合理的时间表，将每项作业分配到具体的时间段。这样，孩子就能更有条理地完成作业，避免无谓的拖延。同时，家长也要给予孩子足够的鼓励和支持，让他们在制订和执行计划的过程中逐渐培养自律和时间管理的能力。

明立是个聪明但散漫的孩子，写作业总是拖拖拉拉，为此妈妈操碎了心。一天，妈妈决定坐下来与明立好好谈谈。她告诉明立，生活中的每一刻都是宝贵的，不应该被浪费在无谓的拖延中。明立

听了妈妈的话，心中有所触动。他决定做出改变，于是与妈妈一起坐下来，制订了详细的作业计划。他们先列出了每天需要完成的作业，然后按照重要性和紧急程度进行了排序。接着，他们制订了一个合理的时间表，将每项作业分配到具体的时间段内去完成。刚开始，明立有些不适应，但他逐渐发现，有了计划，自己不再迷茫，写作业变得有条不紊。他有更多的时间去探索自己的兴趣，也更有信心去面对生活中的挑战。

这个故事告诉我们，制订作业计划不仅能帮助孩子克服拖延的毛病，还能让他们学会珍惜时间，规划未来。明立通过实践，体会到了自律和计划带来的成长与喜悦，这是他人生中一段深刻而宝贵的经历。

制订作业计划，激发孩子的主动性

制订适合的作业计划，对于提升孩子学习效率和主动性大有裨益。我们应深入了解孩子的学习状况和兴趣，与孩子共同制订一个既符合实际又富有挑战性的计划。计划中要明确每天的任务和目标，让孩子清楚自己的学习进度。同时，我们要鼓励孩子主动参与计划的执行，培养他们的自我管理能力。当孩子完成任务时，我们及时给予肯定和奖励，增强他们的学习动力。通过制订并执行作业计划，孩子将逐渐养成主动学习的习惯，为未来的学习之路奠定坚实的基础。

今天是什么日子呀？

这是对你提前完成作业的奖励哦。

让孩子把握黄金时间，提升学习的效率

在孩子埋头做作业时，许多家长都倾向于鼓励他们坚持下去，完成所有作业。然而，休息同样重要。家长应适时提醒孩子稍作休息，让紧绷的神经得到放松，为接下来的学习积蓄能量。毕竟，学习就像是一场马拉松，是需要耐心与节奏的，适时休息，是为了更好地前进。

聪明的父母深知，要想提高孩子的学习效率，需要劳逸结合，张弛有度。他们会细心观察孩子的学习状态，发现孩子稍显疲惫时，便会适时建议孩子进行短暂的休息。这样的休息，不仅能帮助孩子恢复精力，还能让他们以更加饱满的热情和更加清醒的头脑投入接下来的学习中去。

孩子睡着了，轻一点儿。

好的，好的。

当孩子表现出疲惫或困倦时，学习进度明显放缓、注意力难以集中，或长时间用眼导致眼睛疲劳。适时休息有助于恢复体力和脑力，提高学习效率。家长应时刻关注孩子的身体状况，灵活调整学习计划，确保孩子健康快乐地成长。

　　李明宇在班上学习成绩一直名列前茅，令许多妈妈感到好奇：他究竟是如何做到的呢？面对询问，李明宇的妈妈透露："其实，李明宇并非天赋异禀，他的智商与其他孩子并无太大差异。关键在于，他每天放学回家，都遵循科学的学习模式。他会在学习40分钟后，主动休息10分钟，通常两个这样的周期下来，作业就基本完成了。当然，有时他学习得过于投入，到了40分钟还不愿停下来，这时我会提醒他稍作休息。因为长时间的学习，特别是过了50分钟，精力就会开始分散。我们不能等到孩子真正感到疲惫时才让他休息，那样会影响他的学习效果。孩子的学习是有规律可循的，其中也包括生理规律。孩子注意力集中的时间可能只有40分钟，如果强迫他们连续学习2小时，那么后面的时间，他们的学习效果肯定会大打折扣。"

合理安排休息，缓解学习的紧张

　　明智的父母懂得合理安排孩子的休息时间，以缓解学习的紧张。在孩子长时间专注学习后，父母可以设定一个短暂的休息时间，让孩子暂时放下书本，做些轻松的活动，如散步、听音乐或简单的伸展运动。这样的休息不仅能让孩子的大脑得到放松，缓解疲劳，还能提高他们的学习效率和专注力。同时，父母也应鼓励孩子主动表达自己的感受，根据孩子的实际情况灵活调整休息时长，让他们在轻松愉快的氛围中茁壮成长。

我还没复习完……

有什么关系呢，快来！

写作业的黄金时间，助力学习更高效

做任何事情，都讲究一个"天时"，即在合适的时间做合适的事，效果往往事半功倍。对于学生来说，写作业同样存在"黄金时间"。在这个时间段内，孩子的大脑活跃度、专注力，以及记忆力都处于一个相对较高的水平，能更高效地吸收知识、完成作业。因此，家长应引导孩子找到并把握自己写作业的黄金时间，避免在疲劳或困倦时勉强应付。只有这样，孩子才能在轻松愉快的氛围中完成作业，实现学习与休息的良性循环。

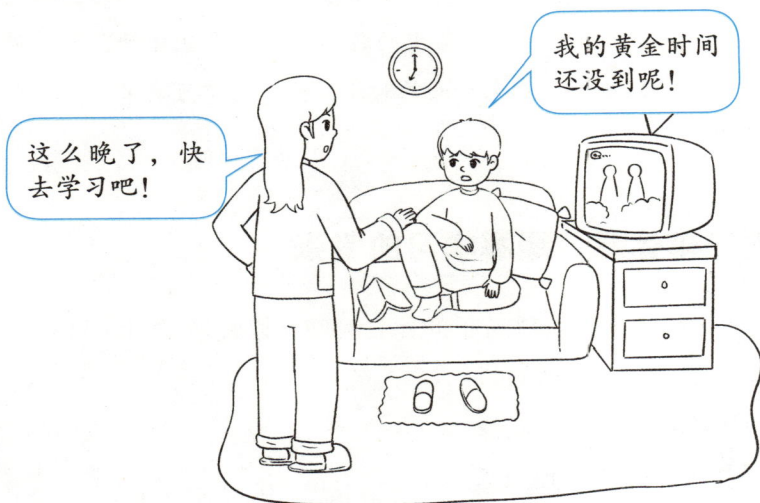

尊重孩子的选择，掌握黄金时间

在教育孩子的过程中，我们应引导孩子们掌握自己的黄金时间，而非过度干涉他们的选择。每个孩子都有自己的学习节奏和兴趣点，只有当他们能够自主安排时间时，才能更好地发挥潜能。我们要做的是提供指导和建议，而不是强制他们按照我们的意愿行事。尊重孩子的选择，意味着给予他们信任和支持，让他们在探索中找到适合自己的学习路径。过度干涉只会让孩子感到束缚和压力，影响他们的学习效果和自信心。因此，我们要放手让孩子去掌握自己的黄金时间，相信他们会在学习的道路上越走越远。

　　王伊是个聪明好学的孩子，但他总觉得时间不够用，效率不高。妈妈告诉他，每个人都有自己的黄金时间，那是效率最高的时段。

　　王伊决定寻找自己的黄金时间。他尝试在不同时段学习，最终发现晚上环境静谧时，自己的思路特别清晰。于是，他开始每晚利用这段时间专心学习。

　　妈妈看到王伊的变化，既欣慰又感慨："你找到了自己的黄金时间，但更重要的是，你学会了遵从自己的选择，不盲从他人。"

这个故事告诉我们，每个孩子都是独特的个体，他们的黄金时间可能各不相同。家长应引导孩子去探索、去发现，而不是强加干涉。真正的教育，是尊重和理解，是让孩子在自我发现中健康成长，掌握自己的人生节奏。

注重学习质量，而非单一的时间管理

　　在孩子的学习过程中，很多家长过分强调学习时间，往往忽视了学习质量这一关键因素。学习并非简单的计时赛，更重要的是孩子对知识的吸收和运用。因此，家长应多关注孩子的学习状态和学习效果，不要一直盯着时钟。给予孩子足够的自由度和空间，让他们能够按照自己的节奏和方式去探索知识，这样才能真正提升学习质量，让孩子在轻松自在的氛围中享受学习的乐趣。

我每天都监督你学到很晚啊！

可是那样根本没有效率。

在固定的时间做固定的事情，孩子更有时间观

> 培养孩子的习惯，就是引导他们学会在固定的时间做固定的事情。良好的习惯如同稳健的基石，构筑起孩子自律与高效的未来。家长需耐心陪伴，让孩子在规律的生活中逐渐领悟到时间管理的智慧。

培养在固定时间做固定的事情的习惯，对于提高学习效率和培养自律精神具有重要意义。长期坚持在相同的时间执行某项任务，久而久之，时间一到，身体便会自然而然地进入执行状态，形成固定的行为模式。这样的习惯不仅有助于我们更好地管理时间，还能使我们在纷繁复杂的生活中享受有序的生活带来的快乐。

你怎么起这么早？

我已经习惯早起跳舞了。

当孩子逐渐习惯某一行为并形成自觉时，这种自动化的行为模式不仅能让孩子在行动上更加自如，还能在心理上培养他们强大的主动性。他们不再需要外界的督促，而是自然而然地去执行任务，好的习惯能让他们终身受益。

五岁的慧美痴迷于动物的故事，她的父母总是耐心地给她讲述这些神奇的生命。有一次，妈妈给慧美讲了一个动物的故事，强调了专注的重要性。

妈妈告诉慧美，狮子在寻找水源时，即使中途遇到诱人的猎物，也会坚定地走向水源；猴子在摘野果时会全神贯注，不受其他事物的干扰；大象在洗澡时，无论路途多么遥远，都会一心一意地奔向水源。这种一心一意的态度，正是它们生存的智慧。

妈妈还告诉慧美，驯兽师在训练动物时，也是利用它们的这一特点，一次只让它们做一件事情，这样才能让它们更好地学习和掌握技能。妈妈对慧美说："孩子，只有当我们全身心地投入一件事情中，才能把它做好。如果做事三心二意，那么最后可能什么都做不好。"

慧美听了妈妈的话，深深地理解了专注的重要性，她决定以后无论做什么事情，都要一心一意，全力以赴。

塑造孩子固定时间的行为习惯：先要建立时间意识

想要培养孩子固定时间的行为习惯，首要任务是为其植入固定的时间意识。妈妈应成为孩子时间管理的启蒙者，通过日常生活中的点滴细节，让孩

马上就到上学的时间了。

你最近的时间观念增强了不少。

子逐渐感知时间的流逝与节奏。可以设定固定的起床、吃饭、学习等时间，让孩子在规律的生活中逐渐认识到时间的价值。同时，家长也要以身作则，珍惜时间，成为孩子学习的榜样。这样，孩子才能逐渐建立起固定的时间意识，为培养良好的行为习惯打下坚实的基础。

培养孩子管理时间的观念，学会规律行事

要培养孩子固定时间的行为习惯，关键在于教会孩子在不同时间段做该做的事。家长可以制定日程表，包括起床、学习、娱乐等各个环节，并引导孩子按照日程表行事。同时，家长也要以身作则，展现出良好的时间管理能力，成为孩子学习的榜样。

塑造孩子的时间观念：辨识任务优先级

在培养孩子的时间管理能力时，家长应引导孩子明确区分任务的优先级。紧急且重要的任务，需立即行动；重要但不紧急的任务，可规划在适当时段完成；不重要的任务，则可酌情安排或暂时搁置。通过这样的指导，孩子将逐渐掌握任务分类和优先级处理的技巧，更好地平衡学业与生活。家长应亲身示范，展示如何判断任务的轻重缓急，让孩子在耳濡目染中逐渐提升时间管理的能力。

第四章

如何确立正向的亲子关系

　　确立正向的亲子关系，是家庭和谐与孩子健康成长的关键。家长应以关爱、理解与尊重为基础，与孩子建立深厚的情感纽带。在日常生活中，家长应多陪伴孩子，共同参与活动，增进彼此的了解与信任。同时，要学会倾听孩子的想法和感受，尊重他们的个性和选择，鼓励他们勇敢地表达自己的想法。通过这些努力，可以建立一种积极、健康、和谐的亲子关系，为孩子的成长奠定坚实的基础。

学会掌控自己的情绪，
千万不要随便对孩子发火

许多父母在陪伴孩子写作业的过程中，可能会因为情绪失控而发火。我们常常错误地认为这种愤怒是由孩子直接引起的。但事实上，愤怒是一种可以被我们主动管理的情感。然而，我们有时却选择不去驾驭它，反而让它成为了一种习惯性的反应，甚至是用来强迫孩子达到我们期望的"捷径"。但我们必须明白，这种方式虽然短期内可能会产生一些表面上的效果，但它无疑会给孩子的心灵留下伤痕，对亲子关系的长远发展造成不良的影响。

利用愤怒来威慑孩子，或许能暂时让孩子听话，但从长远来看，这并非明智之举。家长真正的目的是培养孩子对学习的热爱与学习的自控力，而这些不能靠孩子的恐惧与服从来完成。发脾气或许能短时间内让孩子加速或重视做某件事，但无法培养其内在的动力与尊重。家长应该寻找更有效的方法，以更温和、理智的态度引导孩子成长。

他太不听话了！

生气解决不了问题。

许多妈妈深知怒火无助于解决问题，但在面对家人时却难以保持冷静。这种情绪失控在面对朋友或领导时却不会发生，因为她们觉得家人会包容自己。然而，这种包容心理往往让负面情绪在家中蔓延。我们需要认识到，家庭中的怒火同样会伤害到我们的亲人。尤其是对孩子，他们更加敏感和脆弱，父母的情绪失控可能会给他们带来深远的负面影响，如恐惧、不安和自卑。因此，我们必须深刻认识到这一点，学会在家中更好地控制自己的情绪。

王女士工作十分繁忙，但她总是尽量抽出时间陪孩子写作业。可是，每次看到孩子写作业磨磨蹭蹭、字迹潦草、错题连连，王女士的情绪就像被点燃的火药，瞬间爆发。

一次偶然的机会，王女士参加了一个亲子教育讲座。讲师的话让她如梦初醒："发脾气不是教育，而是伤害。孩子需要的不是恐惧和压力，而是理解和鼓励。"

王女士开始反思自己的行为，她决定做出改变。她开始尝试用温和的语气与孩子沟通，用鼓励的方式引导孩子。渐渐地，她发现孩子对写作业的态度有了明显的变化，不再磨蹭，字迹也工整了许多。

这次经历让王女士明白，教育需要耐心和智慧，而不是简单地发脾气。只有用心去理解孩子，才能真正帮助他们成长。

发脾气会伤害亲子关系

在孩子写作业的时候发脾气，就像是在家里扔了一个大火球，瞬间让家里的气氛变得紧张而压抑。当孩子看到父母生气的时候，他们可能会感到害怕、不安，甚至开始怀疑我们的爱，让孩子觉得家不再是一个温暖的地方。这样一来，原本亲密无间的亲子关系就会变得紧张，孩子可能不愿意和你分享他们的想法和感受，甚至开始疏远你。意识到问题的严重性，我们就要有意识地控制情绪。因为愤怒并不能解决问题，反而可能加剧矛盾。待情绪平复后，我们再与孩子沟通，此时的解决方案才更具建设性，对孩子也更有帮助。

你能不能自觉点儿？

我怎么做你都不满意！

学会倾听并理解孩子

积极倾听意味着父母愿意理解并支持孩子，相信他们能够独立解决问题。父母应让孩子体验生活，无论是写作业的拖延还是社交的挫折，这些经历都是他们成长的宝贵财富。当孩子遇到问题时，父母应该疏导他们的负面情绪，理解他们的感受，而非直接干预。只有当孩子的行为直接影响正常的学习、生活时，父母才需要干预。面对这种情况，父母应避免发脾气，积极寻找解决方案，如改变孩子、环境或自己。总之，父母应成为孩子的倾听者与建议者，引导他们自主解决问题。

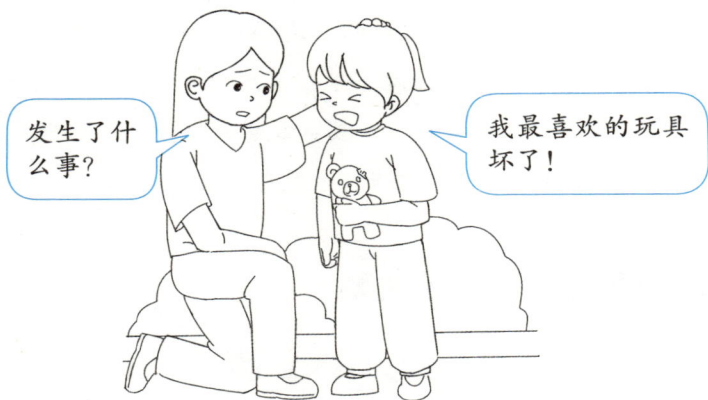

发生了什么事？

我最喜欢的玩具坏了！

疏导孩子的畏难情绪

当孩子写作业表现出畏难情绪时，我们可采取多种方式帮助他。首先，调整任务，让他从简单的作业开始，逐步建立信心。其次，自我调整心态，理解孩子产生这样的情绪是正常的，陪伴他释放负面情绪，我们自己的烦躁也会随之减轻。同时，尝试与孩子沟通，你可以这样和孩子说："我知道学习并不总是容易的事情，有时会遇到难题和挫折。但是请记住，你不是一个人在面对这些挑战，我会在这里支持你、帮助你。我们可以一起找出问题所在，找到解决的方法，或者调整学习计划，让学习变得更加高效和有趣。"这样的沟通方式有助于增进亲子双方的理解。最后，与孩子共同寻找解决的办法。互相商量，尊重彼此的意愿和感受，找到更具建设性的解决之道。

张女士每天下班回家，最头疼的事情就是陪孩子写作业。她发现，无论自己怎么耐心讲解，孩子都心不在焉，错误连连。每次看到孩子的态度，张女士就不由得怒火中烧。

一次，孩子又因为一道简单的题目犯错，张女士终于忍不住发了火。她大声斥责孩子，语气严厉，吓得孩子直哆嗦。然而，发火之后，张女士并没有感到轻松，反而更加焦虑。她意识到，自己的怒火不仅伤害了孩子，也破坏了亲子关系。

后来，张女士开始尝试控制自己的情绪。她学会用温和的语气与孩子沟通，用鼓励的方式引导孩子。渐渐地，她发现孩子写作业的态度有了明显的变化，不再磨蹭，错误也减少了。

这次经历让张女士明白，发火并不能解决问题，反而会加重矛盾。只有用心去理解孩子，才能真正帮助他们成长。

解决情绪失控的办法

每个人都会有不良的情绪，这是人之常情。面对突如其来的情绪波动，作为大人，我们也常有难以抑制的发火冲动。但这时，但我们可以通过一些巧妙的方法来调整自己的心态。首先，我们可以提前表达自己的感受。在表达时，尽量让语气显得轻松一些，甚至可以尝试加入一些夸张的动作，这样不仅能让孩子更好地理解我们的情绪，还能在笑声中缓解紧张的气氛。此外，还可以邀请孩子来监督我们管理情绪。让孩子用小本记下我们每次发脾气的情况，或者提醒我们在情绪激动时深呼吸、数数等。这样的互动不仅能增进亲子关系，还能让孩子从小就学会控制情绪，成为情绪管理的小专家。

> 这个错误你不应该犯的。

> 我们约好的，生气前喝一杯水。

正确的自我定位，
扮演好陪孩子做作业时的角色

在陪伴孩子写作业的过程中，人们常将父母的角色误解为老师或权威的长辈。然而，事实并非如此。孩子才是探索知识的主体，他们掌握着作业的主动权。父母的角色，不过是他们身边的陪伴者，用细致的观察为他们提供必要的支持，而非主导者。我们需明确，孩子才是学习的主角，而父母，则是他们成长路上的重要伙伴。我们的目的并非简单地督促学习，而是培养孩子的自我管理能力，让他们在面对困难时保持积极的心态，学会解决问题。用科学、正确的方式与孩子互动，不仅能助力他们完成作业，更能培养他们受益一生的能力与品质，如抗挫力、规划力等。

家长陪孩子写作业时，应避免随意打断和批评他们，这样的行为会干扰孩子的思路，影响专注力，破坏心情。同时，不宜过度催促，以免破坏孩子的学习主动性和内驱力，影响自我认知。作为父母，我们应细心观察，理解孩子的需求和能力，给予适当的支持和引导，帮助他们建立正确的学习态度和习惯。

要让陪孩子写作业成为有意义的亲子陪伴，妈妈首先要观察孩子学习状

我看看你做得怎么样了。

你打断我思路了！

态，了解孩子的学习习惯与态度。第二，发现问题后，适时反馈。第三，制订纠正计划，有节奏、有规划地帮助孩子改进。第四，保持耐心，理解孩子成长过程中的困难。第五，将陪伴与引导相结合，让孩子在温馨的氛围中逐渐养成好习惯。

晚上，妈妈坐在小维身旁，陪着他一起写作业。小维是个活泼好动的孩子，每次写作业时总是有些心不在焉。妈妈决定用耐心和爱心陪伴他渡过这个难关。

刚开始，小维遇到了一道难题，眉头紧锁。妈妈没有立即告诉他答案，而是鼓励他多思考一会儿。过了一会儿，小维终于自己想出了答案，兴奋地跳了起来。妈妈微笑着给了他一个赞赏的眼神。写了一会儿，小维开始有些不耐烦，字迹也变得潦草起来。妈妈轻声提醒他要认真书写，并给他展示了一个漂亮的字体样本。小维受到启发，开始努力模仿，字迹逐渐变得工整起来。

不知不觉间，作业已经接近尾声。妈妈看着小维专注的小脸，心中满是欣慰。她知道，通过这次陪伴，小维不仅完成了作业，更学会了独立思考和认真对待每一件事情。

让孩子规划自己的学习计划

在写作业前，建议孩子绘制一幅思维导图，将待完成的任务一一列出，明确先后顺序，甚至规划好休息时间。这几分钟的思维导图，不仅有助于孩子高效安排学习任务，更能培养他们的计划性和条理性。在绘制过程中，我们可以和孩子预先约定，若写作业时分心，我们以何种方式提醒，能让他感到舒适且愿意接受。同时，休息时间可使用计时

你这是干什么？

闹钟响起前不要进我房间。

器来倒计时，培养孩子的时间观念。这样的规划与约定，避免了家长直接打断孩子学习的尴尬，让孩子在和谐的氛围中，更加主动地投入学习中去。

适时给予孩子支持

陪孩子写作业是父母对孩子的关爱。我们应细心观察，适时给予孩子支持，无论是实质的辅导还是精神上的鼓励。当孩子遇到难题时，我们不仅要耐心解答，更要教会他们解决问题的方法。若孩子对题目感到困惑，我们可通过提问的方式引导他们思考，再共同讨论。培养孩子独立做作业的能力至关重要，但父母的参与同样不可或缺。即使无法直接帮助，关心与理解也能让孩子感到温暖。这样的陪伴，能让孩子在学习的道路上更加自信与坚定。

终于攻克这道难题了！

我们再来挑战更高难度的吧。

不要忘了鼓励孩子

每个孩子都渴望得到父母的认可，我们的鼓励是他们前进的动力。虽然"及时鼓励孩子"已是老生常谈，但真正做到并不容易。我们需要将这份简单的智慧运用到极致，为孩子的成长之路添上一抹亮色。鼓励孩子，需要我们拥有敏锐的洞察力，及时发现他们的点滴进步。因为我们所看见的，是孩子成长的印迹。孩子的每一个小进步，都值得我们关注和赞赏。鼓励远胜于无休止的批评与纠正。孩子成长之路难免有好有坏，但这并不意味着鼓励无效。

写作业时，小华遇到了难题，眉头紧锁，显得有些泄气。妈妈见状，轻轻走过去，坐在他身旁。

"小华，你看这个题目，就像是一个小小的谜题，等待你去解开它。"妈妈温柔地说。

小华抬起头，疑惑地看着妈妈。

"来，我们一起想想，这个谜题里藏着什么线索呢？"妈妈耐心地引导。

不一会儿，小华的眼睛亮了起来，他似乎找到了解题的思路。于是他奋笔疾书，很快写出了答案。"哇，我真的做出来了！"小华兴奋地喊道。

"看，这就是你的力量，你总能找到解决问题的方法。"妈妈笑着鼓励道。

从那以后，每当小华写作业遇到困难，就会想起妈妈的话，相信自己能够克服困难。他知道，妈妈一直在身边支持着他，鼓励着他。而这份鼓励，也变成了他前进的动力，让他在学习的道路上越走越远。

睡前的温馨复盘

孩子写作业时，家长要避免过度批评与催促，取而代之的是睡前的温馨复盘。家长可以与孩子共同回顾，探讨今日何处表现出色，何处仍需努力，以及今日之所得。双方轮流分享，共同反思，这样的习惯有助于培养孩子的成长型思维。家长在引导孩子反思时，应多给予认可，适度提出建议，相信孩子的自我反思能力。同时，家长也应认真反思，共同成长。

今天你的表现特别棒！

妈妈也很棒！

转变沟通方式，
让孩子勇敢地说"不会"

陪伴孩子学习时，家长常常遇到这样的情形：孩子做错了题，问及原因，回答是"不会"。一般来说，家长听到这样的话会十分生气。但这时正确的做法是冷静应对，深入探究，理解孩子的真实困境，耐心引导助其成长。

面对父母的严厉质问，孩子常选择沉默。身为父母，是否想过，工作中的我们也曾面临难题，即使有人指导，也难免有困惑。孩子同样如此，即便老师多次讲解，仍有不懂之处，这是人之常情。父母不必过于苛责，认为孩子说"不会"即是不认真，父母应该注重如何帮助孩子克服困难。

具体是哪里不懂呢？

这些题目我都不会。

有的孩子会对作业产生畏难心理，先入为主地认为自己不会做。一些家长总是因此训斥孩子，更助长了孩子的畏难心理。当孩子说"不会"时，家长应鼓励他们勇敢尝试，因为只有真正努力后，才能知道自己的潜能。

萱萱觉得作业上的题目太难，就小声告诉妈妈，老师布置的作业自己实在不会做。妈妈的反应出乎意料的激烈。她怒吼着，质问如暴风雨般倾泻："别人都会，就你不会，你是不是没有好好听讲？"萱萱被妈妈的愤怒吓得哑口无言，只能默默退回自己的房间。

九点多钟，妈妈去查看女儿的作业，发现大片题目依然空白。她顿时火冒三丈，咆哮道："你都磨蹭什么呢？都一个晚上了，怎么还有这么多题目没做？"萱萱的眼中已泛起了泪光，她小声哽咽道："这些题，我真的不会做。"妈妈听后愤怒不已，大声斥责："不会做是理由吗？"面对妈妈的怒火，萱萱默默地低下头，泪水无声地滴落在书本上，浸湿了作业本。

鼓励孩子大胆尝试

在生活中，许多父母面对孩子说"不会"时，往往选择以怒斥回应，却忽视了如何协助孩子解决问题。像萱萱妈妈一样大吼，孩子的作业就完成了吗？并没有。聪明的父母会鼓励孩子大胆尝试，即便失败，也会及时伸出援手。这样的过程可以让孩子深刻体验到最初艰辛与坚持的喜悦，感受到父母的坚定支持与温暖陪伴。毕竟，孩子的智商和情商尚不能与成年人相提并论，父母不应以成人的标准来评判孩子对疑难知识点的掌握程度。只有理解和耐心，才是陪伴孩子成长的最佳方式。

我还是没算对。

再试一次，一定就对了。

孩子遇到难题怎么办

当孩子遭遇难题时，父母要先根据孩子对知识的掌握程度，判断题目的难易程度。若父母认为孩子通过自身的努力和反复思考能够解决，那么应鼓励孩子尝试不同的解题方法。毕竟，只有独立攻克难关后，孩子内心的成就感才会被激发出来，使他们面对未来的挑战时更加倾向于自主解决问题。

当孩子对某些知识点确实感到困惑时，父母切勿急于责备。此时，适时的提醒更为关键。这种提醒并非直接告诉孩子答案，而是引导他们思考可能涉及的知识点，让他们通过回忆和探索，逐渐找到解题的线索。这样的过程，不仅有助于孩子巩固知识，更能培养他们独立思考和解决问题的能力。

把题目直观地展现出来是不是有思路了？

真的是这样，谢谢妈妈！

把孩子的"不会"视为教育机会

孩子发现自己做错了题，内心的失落与难过不言而喻。当孩子犯错时，父母应当放下责备，转而给予他们理解和关爱。设身处地地体会孩子的感受，用温暖的话语鼓励他们，让他们感受到父母的包容与支持。这样的做法，会激发孩子的学习动力，让他们更有勇气面对错误，积极寻求改正之道。更重要的是，父母若能将孩子的"不会"视作一个宝贵的教育契机，便能有效培养孩子的主观能动性，锻炼他们的独立思考能力。

得知数学老师"有请"，沐沐妈妈心里有些忐忑，猜想是不是儿子最近的数学考试表现不佳。数学老师见到沐沐妈妈后，开门见山地说道："您知道吗，沐沐的数学作业连续几天因为同一个知识点出错，这实在不应该。我看您倒是每天都在作业本上签字，但似乎并没有认真检查孩子的作业是否做对了。"

沐沐妈妈听后，心中五味杂陈。回到家后，饭桌上的气氛格外沉闷。沐沐小心翼翼地问道："妈妈，数学老师今天找你说什么了？"沐沐妈妈深吸了一口气，尽量用平和的语气说："老师夸你最近的数学作业写得比以前工整多了，这说明你学习很认真。他还说，如果你能养成写完作业后认真检查的习惯，你的数学成绩一定会更上一层楼。"沐沐听后，心中的石头终于落了地。从那以后，他写作业更加认真，每次写完都会仔细检查，数学成绩果然有了显著的提升。

转变沟通方式

在对待孩子做错题这件事上，过度批评只会让孩子畏惧学习。父母不妨转变沟通方式，先肯定孩子的努力与进步，再温和地指出需要改进之处。这样，孩子更容易接受建议。毕竟，孩子害怕的不是错题本身，而是随之而来的父母的责备。其实，培养良好的学习习惯和技巧更为重要。即使孩子偶尔犯错，也应看到他们背后付出的努力和汗水。这时，一句肯定与鼓励，远胜过责骂与批评。人无完人，孩子更是如此。当他们出错时，请给予理解和宽容。毕竟，我们自己也会犯错，但孩子从未因此责备我们。

不做焦虑的妈妈，对孩子的期待要理性

身为妈妈，在孩子进入幼儿园前，我们常觉得自家宝贝举世无双：思维灵活，说话流利，记忆力超群。但上学后，看到其他孩子英语流畅、古诗倒背如流、阅读自如，我们逐渐开始不安。比较之下，焦虑滋生，期待提升孩子的各项能力。

我们常认为"比较"是一种消极心态，但实际上，它是人类自然的心理反应，也是我们认知自我的途径之一。当我们的自我认知稳定且明确时，"比较"的负面影响便会减弱。因此，关键在于如何妥善处理这种心态，甚至将其转化为促进我们和孩子共同成长的动力。

我们家孩子什么都不会！

成长是循序渐进的。

频繁将自家孩子与别人家孩子比较，只会引发孩子的反感与叛逆，对教育造成障碍。如果总是表扬"别人家的孩子"，打击自己的孩子，会让孩子十分抵触。别让"别人家的孩子"成为自家孩子的阴影，更别让比较伤害孩子的心理健康。

一天，小丽在公园里和朋友们玩耍，玩得正开心时，妈妈走过来，看着旁边的小朋友说："你看智楠，她多么乖巧听话，学习成绩也好，还会舞蹈，你怎么就不能像她一样呢？"小丽听到这番话，心里一沉，原本欢快的情绪瞬间消失无踪。

回家的路上，小丽默默不语，妈妈觉察到了她的异样，问："怎么了，小丽？"小丽小声地说："妈妈，我不想和别人比较，我就是我，我也有我的优点。"妈妈听了，心中一震，意识到自己的话伤了孩子的心。

晚上，妈妈坐在小丽的床边，温柔地说："对不起，小丽，妈妈知道每个孩子都是独特的，我不该总拿你和别人比较。你应该为自己的优点感到自豪，妈妈会努力改正的。"小丽听了妈妈的话，心中的阴霾慢慢散去，她紧紧抱住妈妈，脸上露出了笑容。

切记"比较"是把双刃剑

"比较"是一把双刃剑，既能激发斗志，也可能带来压力和自我否定。不当的比较会让孩子觉得自己不够好，导致内心产生深层自卑。这种自卑感与孩子的真实能力无关，却可能影响他们的一生，使他们不敢追求更好的机会，不敢表达自己。长期被比较的孩子，难以拥有真挚的友谊和幸福感。我们应帮孩子树立健康的人生观，明白每个人都是独特且平等的，各自朝着自己的理想迈进。不恰当的比较会给孩子带来负面影响，身为父母，我们需注意自己的言语，确保它不会给孩子的人生带来隐性伤害。

你不是最喜欢跳舞吗？

可上次你说我跳得没有别人好。

客观看待他人优点

作为家长，应引导孩子以开放的心态去欣赏他人的长处，并激励孩子相信自己同样出色。我们应当时常回顾孩子过去的辉煌，强化其自信心，这样的"对照"不仅无损自尊，反而激发孩子向优秀看齐的动力。我们可以与孩子共同学习他人的优秀之处，给孩子寻找成长的榜样。看到他人的优秀，不必自乱阵脚，保持平和心态，与孩子共同成长，避免无谓的焦虑和负面言行。

我也想像她一样优秀。

那我们一会儿去找她请教好吗？

将比较转化为前进的动力

当比较让我们焦虑时，先深呼吸冷静下。不要一味羡慕别人的成功，而是要思考他们能成功的点在哪里，怎么激励自己。我们要敢于向优秀的人学习，用他们的经验来激励自己。同时，别总盯着孩子眼前的状态，放宽眼界，不要过分焦虑。要相信每个孩子都有自己的节奏，给他们时间成长。这样，比较就能成为我们和孩子一起进步的动力，而不是阻碍我们前行的绊脚石。

妈妈看着小莉的试卷，焦虑地皱起眉头，小莉的学习成绩一直让她忧心忡忡。每当看到其他孩子的优异成绩，她总会不自觉地比较，内心充满了压力。然而，妈妈深知焦虑并不能解决问题。她决定调整心态，以平和的心态对待小莉的成绩。她开始关注小莉的兴趣和特长，鼓励他发挥自己的优势，而不是一味追求高分。

妈妈还与智楠一起制订了学习计划，帮助他合理安排时间，提高学习效率。虽然工作繁忙，她还是会尽量抽出时间陪伴小莉一起阅读、一起思考，耐心地解答他的疑惑。

渐渐地，小莉的成绩有了明显的进步，妈妈内心的焦虑也得到了缓解。她明白，每个孩子都有自己的成长节奏，只要给予足够的支持和鼓励，孩子一定能够茁壮成长。

学会全面地看待孩子

每个孩子都拥有独特的闪光点，我们需要提醒自己学会全面地看待孩子。每个孩子都是一本独特的书，拥有各自的章节和故事。我们不能只关注他们的某一页或某一段，而应当翻阅整本书，理解他们的全面性格、才能和潜力。同时，全面看待孩子也需要我们放下过高的期望和偏见。每个孩子都有自己的成长节奏和路径，我们不能将自己的期望强加给他们。相反，我们应该以开放的心态和耐心，陪伴他们走过每一个阶段，帮助他们建立自信，鼓励他们勇敢追求自己的梦想。

做孩子的引路人，
温和引导孩子的情绪

> 孩子在学习时产生不满情绪，往往是因为遇到了困难和挑战。此时，作为家长，我们要做的不只是理解，更要积极引导。我们要告诉孩子，学习并不是一帆风顺的旅程，它充满了起伏与变化，正是这些经历，成就了人生路上的精彩。

当孩子在学习中流露出不满情绪时，家长应避免责备，而是学会情感引导。我们要耐心倾听孩子内心的声音，理解他们的困惑和挣扎。通过鼓励和支持，帮助他们建立积极的学习态度。责备只会让孩子更加抵触学习，而情感引导则能让孩子感受到关爱与支持，从而更自信地面对学习中的挑战。

你今天的心情不好吗？

反正我也学不会，不学了！

当孩子学习压力大，情绪不佳时，家长应成为他们情感的港湾。耐心倾听，理解他们的困扰，用关爱与鼓励化解他们的焦虑。情感疏导是心灵的慰藉，家长的陪伴与支持将帮助孩子勇敢面对挑战，重拾学习的信心。

晓磊是一名五年级的小学霸，对数学情有独钟。然而，新来的数学老师让他有些吃不消。老师布置的家庭作业好多呀，晓磊不禁抱怨连连："新老师讲课慢得让人想睡觉，作业却多得让人喘不过气来。"

晓磊的爸爸听出了孩子的不满，宽慰道："换了新老师，肯定有个适应期。就像我换了新工作，也得花时间去适应。"晓磊叹了口气，说："是呀，老师讲课太慢，我听着都想打瞌睡。"爸爸理解地笑了笑，解释说："每位老师都有自己的教学节奏，新老师可能是想确保每个学生都能理解。至于作业多，是因为老师想通过作业来检验你们的学习成果。最近没有考试，作业就是老师了解你们学习情况的窗口。"

听了爸爸的话，晓磊的心情稍微平复了一些。爸爸接着鼓励道："你数学一直不错，多做几道题对你来说不是难事。我相信你的适应力，也相信你的实力。"晓磊听了，信心满满地投入完成作业中去了。

父母适当的情感引导，化解孩子对学习的抱怨

当孩子对学习产生抱怨时，父母应以正确的情感方法去引导。不仅要理解孩子的情绪，更要帮助孩子分析问题，找到解决之道。可以引导孩子思考，是学习方法不当，还是遇到了难以克服的难题？与孩子一同探讨解决方案，让孩子明白学习中的挑战是成长的必经之路。这样的情感引导，不仅能够化解孩子的抱怨情绪，还能培养他们积极的心态和解决问题的能力。

我讨厌学习！

我们一起解决问题好吗？

巧妙破冰：化解孩子学习中的情绪困扰

作为父母，面对孩子因学习产生的焦虑、挫败等不良情绪时，我们要巧妙破冰，帮助孩子走出困扰。首先，我们要耐心倾听孩子内心的声音，了解他们的真实感受。其次，我们可以提出具体的学习建议，引导他们分解学习目标，制订合适的学习计划，逐步建立自信。最后，我们要用温暖的鼓励为孩子加油打气，让他们感受到家人的支持和信任。

古诗里的生字也太多了吧。

妙妙，我给你买了点读机！

父母指明方向，引领孩子走出困惑

当孩子遇到困惑和不解时，父母的角色至关重要，我们不仅是孩子的依靠，更是孩子前行的引路人。父母要耐心倾听孩子的疑虑，用智慧和经验为他们指明前进的方向。父母可以通过分享自己的经历，引导孩子理解问题的本质；父母也可以鼓励孩子勇敢探索，不断尝试新的方法和思路。在父母的引导下，孩子将学会独立思考，勇敢面对挑战，逐步走出困惑，迈向更加光明的未来。

盼盼满怀憧憬地升入了三年级，新的挑战迎面而来——学习英语。对于从未接触过英语的她来说，这无疑是个巨大的挑战。尽管她努力尝试，但每次英语作业都让她倍感困扰，错误频出。

看着女儿一次次受挫，父母既心疼又无奈。他们尝试了各种方法，但都未能触及问题的核心。父母的责备和怒吼让盼盼更加迷茫和无助，泪水成了她的伙伴。

直到有一天，盼盼压抑已久的情绪终于爆发了。她哭诉着自己的困惑和无助，坦言自己不知道如何学习英语。这次，妈妈决定换一种方式。她耐心地引导盼盼，告诉她学习英语的方法和技巧：如何更有效地记忆单词，如何理解复杂的语法结构。

在妈妈的引导下，盼盼仿佛打开了新世界的大门。她逐渐找到了学习英语的技巧，成绩也稳步提升。期末考试时，她的英语成绩竟然进入了全班前三名。

探索个性化学习之道：助力孩子找到最佳方法

有时，孩子并非缺乏学习动力，而是尚未找到适合自己的学习方法。作为父母，我们应细心观察，深入了解孩子的学习特点和兴趣所在，与他们一同探索个性化的学习之道。无论是视觉学习、听觉学习，还是动手实践，我们都要鼓励孩子大胆尝试，寻找最适合自己的学习路径。同时，我们也要引导孩子合理规划学习时间，提升学习效率。

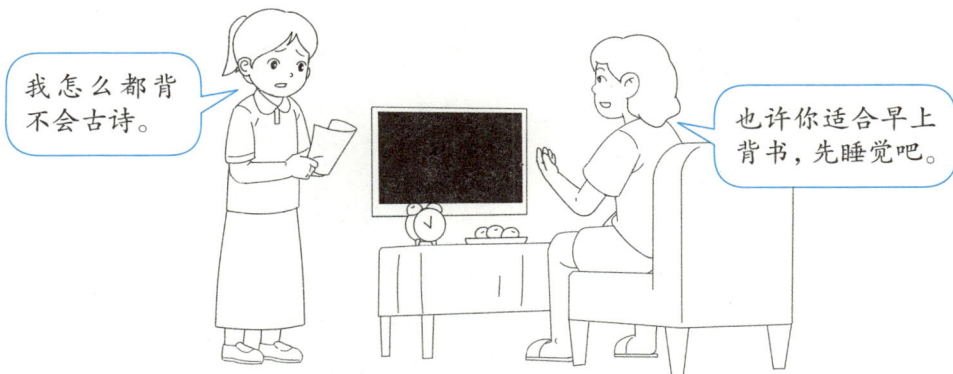

给予孩子适当奖励，亲子关系才能更融洽

当孩子在学习上取得进步，或是面对困难不轻言放弃时，我们应适时给予鼓励。一句鼓励的话能让孩子感受到我们的认可与支持。鼓励不仅能增强孩子的自信心，更能激发他们的学习热情。

奖励作为一种有效的激励方式，能够极大地激发孩子的学习动力。当孩子在学习上取得显著成就时，一份精心挑选的小礼物、一次特别的家庭活动或是真诚的赞美，都能成为他们前进的动力。这些奖励不仅是对孩子努力的认可，更是对他们潜力的肯定，鼓励他们继续探索、不断进步。

这是对你考试进步的奖励。

是我最想要的拼图！谢谢妈妈！

在生活中，父母给予孩子适当的奖励，不仅是对其努力的认可，更是对其成长的鼓励。但奖励并非随意而为，父母应言出必行，说到做到。承诺的奖励无论大小，都应按时兑现，这不仅是对孩子的尊重，也是树立诚信的榜样。食言不仅会让孩子失望，更有可能损害亲子间的信任。

于鸣是个勤奋好学的孩子，他不仅每天都按时完成作业，还会

主动预习新知识。父母看在眼里，喜在心头，决定给他一个奖励。

一天，于鸣放学回家，妈妈神秘地告诉他，只要他在接下来的考试中取得好成绩，就给他买他心仪已久的科普图书。于鸣听后兴奋不已，于是更加努力地学习。终于，考试成绩出来了，于鸣取得了优异的成绩。妈妈也兑现了承诺，带他去书店买下了那套科普图书。于鸣捧着心爱的书，心里充满了感激和幸福。他明白，父母的奖励不仅仅是对他物质上的满足，更是对他努力的认可和鼓励。这份信任和支持，让他更加坚定了努力学习的决心。

这个小小的奖励，不仅让于鸣收获了知识，更让他学会了诚信和感恩。父母言出必行，是对他最好的教育。从此以后，于鸣更加珍惜学习的机会，也更加愿意听父母的话。

明确奖励目的，助力孩子成长

父母在给予孩子奖励时，必须明确奖励的目的。奖励并非简单的物质馈赠，而是对孩子努力与进步的认可，是对其行为的正向引导。通过奖励，我们希望能够激发孩子的学习热情，培养其自律与责任感。同时，奖励也是一种教育方式，教会孩子理解付出与收获的关系，懂得珍惜与感恩。

只要你坚持就会有礼物哦！

妈妈，我会努力的！

奖励孩子所愿，激发内在动力

在孩子的成长过程中，奖励他们真正想要的东西，是一种极为有效的激励方式。这样的奖励不仅是对孩子努力的肯定，更能深深地触动他们的内心，激发其内在的潜力。当孩子通过自己的努力和汗水，获得心仪已久的玩具、书籍或是某个特别的体验时，他们会深感成就与满足。这种满足感会转化为持续的动力，推动他们不断前行，追求更高的目标。

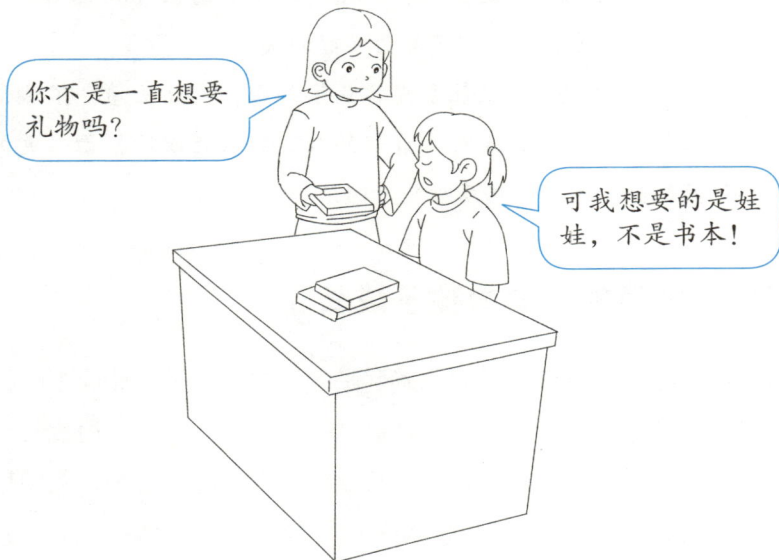

你不是一直想要礼物吗？

可我想要的是娃娃，不是书本！

设立正确的奖惩表，引导孩子自律成长

为了帮助孩子建立正确的价值观和行为习惯，父母可以协助他们设立奖惩表。奖惩表不仅是对孩子行为的明确指引，更是培养他们自律意识的有效工具。通过设定明确的奖励和惩罚措施，孩子能够清楚地了解哪些行为是值得鼓励的，哪些行为是需要避免的。这样的引导方式有助于孩子形成自我约束的能力，促进他们健康成长。

在一个家庭里，父亲想出了一个激励儿子学习的新方法。

他向儿子承诺，只要每天能按时完成作业，就会得到一些奖励；

如果违反规定，就会有相应的惩罚。儿子听闻此言，眼中闪烁着兴奋的光芒，追问具体的奖励是什么，爸爸说可以带他去喜欢的地方玩。儿子很高兴地接受了，于是立刻投入到学习中去。起初，儿子表现异常出色，作业完成得既快又好，每天都能准时将作业本呈给父亲看。父亲也信守承诺，每次都会带儿子去最想去的地方。然而，随着时间的推移，父亲开始逐渐调整奖励策略，从去游乐场玩变成了去公园玩。到了第二周，儿子完成作业后，父亲只是带他在附近的广场玩了玩。儿子虽然心中有些不悦，但并未过多追问。进入第三周，情况更是不一样了。每次完成作业后，儿子只能到小区门口玩一玩。他心中的不满终于爆发出来，愤怒地对父亲说道："爸爸，为什么现在给我的奖励这么少了？如果早知道越来越少，我根本就不会这么努力去做作业！"

适度奖励，树立正确的劳动观

在孩子的成长过程中，奖励确实是一种有效的激励方式，但关键是要适度，不要过于频繁。频繁的奖励可能让孩子误以为劳动与回报总是轻易对等的，从而忽视了真正的付出与努力。因此，父母在奖励孩子时，应把握分寸，确保奖励与孩子的付出相匹配。同时，更要注重引导孩子理解劳动的意义，让他们明白，真正的收获往往来自长期的努力和不懈的奋斗。

可以给我奖励吗？

不行，月考刚给你买了。

守护孩子的内心，永远相信自己的孩子

在孩子成长的过程中，父母的信任如同阳光雨露，不可或缺。信任能够给予孩子力量，让他们勇敢地探索未知，不畏失败。父母的信任也是对孩子能力的肯定，能够激发他们的自信心和积极性。

那些未能得到父母信任的孩子，内心深处常常伴随着自卑的阴霾。虽然他们渴望被真正接纳和理解，但往往被冷漠和怀疑所困扰。内心的绝望和无助如同深渊般吞噬着他们，使他们感到迷茫和无助。这样的孩子急需更多的关爱与支持，他们真正需要的是父母的认同和慰藉。

孩子的内心犹如嫩芽，脆弱而敏感。当其学习成绩不尽如人意时，父母切勿全盘否定，应给予他们信任与鼓励。父母的信任与鼓励如同阳光，温暖着孩子的心灵，激发他们的学习热情。在信任的力量下，孩子将会勇敢地面对挑战，不断超越自我，实现自身的价值。

　　四年级的朵儿因病错过了学校的期中考试，为了解她的学习状况，母亲决定在家中为她安排自测。朵儿的成绩在班级中处于中等水平，这让母亲有些疑虑：在家中考试，朵儿会不会作弊呢？母亲经过深思，最终决定给予她充分的信任与自主空间，不进行监考。母亲告知朵儿考试规则后便离开了屋子，让她独自完成考试。考试时间结束后，朵儿按时交卷。母亲检查试卷时发现，朵儿的成绩虽然略有提升但进步不大，但她对朵儿的诚实与自律感到欣慰。

　　接下来的科目，母亲继续以同样的方式让朵儿自测，她不仅每次都能按时交卷，而且字迹工整。这次特殊的考试经历，不仅让父母了解了朵儿的学习情况，更让她展现出了诚实自律的品质，对她的成长产生了积极的影响。父母深信，信任与自主是培养孩子良好品质的重要途径。

信任是孩子心灵的守护神

生活中，我们常对孩子寄予厚望，希望他们博学多才。然而，在期望

的背后，有时却隐藏着对孩子能力的怀疑。这种怀疑，无形中成为孩子心灵的枷锁，束缚着他们的自信与勇气。作为父母，我们应该充分信任自己的孩子。信任是孩子心灵的守护神，是他们勇往直前的动力源泉。只有当我们从心底认可并信任孩子，他们才能释放内在的潜能，勇敢地探索未知，书写属于自己的辉煌。

深度陪伴，铸就孩子自信之基石

陪伴孩子成长，不仅仅是时间的投入，更是心灵的交融。有效的陪伴，应成为孩子建立学习自信心的坚实基石。父母的悉心倾听与鼓励，是孩子心灵深处最温暖的阳光，让他们勇敢地去迎接学习中的每一次挑战。与孩子共同遨游知识的海洋，我们不仅是解答者，更是引路人，引领他们发现学习的乐趣，激发内在的求知欲。在陪伴的过程中，我们传递的是深深的信任与无条件地支持，让孩子在每一次的尝试与突破中，都能感受到成长的力量与自我价值的实现。

第五章

如何提升孩子的自控力与抗挫力

提升孩子的自控力与抗挫力，关键在于培养他们的自律与韧性。家长要鼓励孩子设定目标并坚持执行，锻炼自我管理的能力。同时，面对挫折时，引导他们积极应对，从失败中吸取教训。通过日常实践与正向激励，孩子将逐渐增强自控力，勇敢地面对挑战，成长为一个坚强独立的人。

孩子沉迷于电子产品、网络游戏，妈妈要耐心引导

随着科技的飞速进步，电子产品已融入我们日常生活的方方面面，孩子们的生活方式也发生悄然改变。以往他们完成作业后，经常会迫不及待地到户外玩耍。如今，他们却更愿意与电子屏幕为伍。孩子们自控力不强，很容易沉迷电子游戏、网络直播等，着实令父母担忧。

过度沉迷游戏可能导致孩子厌学、自控力下降，甚至封闭自我。这时候，对于父母来说，也不要过于担忧，如果孩子只是喜欢游戏，没有上瘾，就不必着急干预。作为父母，首先要做的不是指责孩子，而是要帮助孩子建立健康的游戏习惯，促进其健康发展。

我要玩儿游戏！

你再闹我也不会同意的。

孩子沉迷游戏，往往是因为现实生活中缺乏成就感、自信心和归属感。这些心理需求的不足与家庭教育和亲子互动方式息息相关。研究表明，家庭关系紧张或被过度管控的孩子更容易陷入游戏世界。因此，解决网络沉迷问题的关键在于优化家庭教育，让孩子在现实生活中得到满足，从而远离虚拟世界的诱惑。

林林是个活泼可爱的小学生，最近却变得沉默寡言，常常独自待在房间里。原来，他迷上了一款网络游戏。每天放学后，他便迫不及待地打开电脑，沉浸在游戏的世界里。他忘记了时间，忘记了作业，甚至连吃饭都心不在焉。

林林的父母发现后十分担忧，他们试图劝阻林林，但林林总是置若罔闻，甚至与父母发生争执。无奈之下，父母只好求助于老师。

老师了解了情况后，与林林进行了一次深入的谈话。她告诉林林，网络游戏虽然有趣，但过度沉迷会影响学习和生活。她鼓励林林多参与现实生活中的活动，与同学交流，培养健康的兴趣爱好。

林林听了老师的话，开始反思自己的行为。他逐渐减少了玩游戏的时间，开始多参加课外活动，与同学们一起玩耍。慢慢地，林林找回了往日的快乐与自信，也重新拥有了充实又美好的生活。

预防孩子沉迷电子屏幕

面对孩子与电子屏幕的纠葛，预防总比治理更有效。首先，我们要明确家中电子屏幕的"所有权"，让孩子明白哪些是他可以使用的，哪些是需要经过我们允许的。这样不仅有助于孩子树立尊重他人物品的意识，也能避免他对电子屏幕的依赖。其次，在使用权上，我们应设定合理的限制。孩子使用电子屏幕的时间、内容都应有明确的规定，尤其是要限制游戏、视频等娱乐内容的观看。同时，我们还要引导孩子学会正确地筛选信息，选择观看那些积极、健康、有教育意义的内容。

看来以后要经常带他出来玩儿啊。

他今天完全忘记手机的事了。

父母要以身作则

家长要以身作则，用实际行动告诉孩子如何自律。比如说放下手机、与孩子分享抵抗诱惑的成就感等都可以给孩子正向引导。另外，家长要多与孩子沟通，了解他们的内心需求，给他们提供归属感。每天腾出时间陪伴孩子，关心孩子的学习与生活，让他们愿意主动与我们交流。此外，家长还可以给孩子安排有趣的活动，充实他们的生活，比如户外活动、亲子游戏、读书会等都是不错的选择。

和孩子搞好关系

专家指出，孩子沉溺游戏往往是为了弥补家庭中的缺失感，避免面对真实世界中与父母的复杂情感。青春期叛逆或行为问题严重的孩子，很多都与父母的关系不佳。如果出现这种情况，我们需反思与孩子的亲子关系，关注陪伴时间、沟通质量。当沟通受阻时，多站在孩子的角度思考。为了充实孩子的生活，可以多陪孩子出去走走，玩一些游戏，让孩子体验真实世界的快乐。只有建立了稳固的亲子关系，孩子才能健康成长，远离虚拟世界的诱惑。

阳阳踏入初中后，网课成了他日常学习的常态。为了确保他专心学习，妈妈每天坚守在他身旁，时刻监督。从早晨8:30到中午

12:00，再从下午2:00到5:30，这段时间里，除了上课和写作业，阳阳几乎没有其他自由活动的时间。

然而，一个月过去了，阳阳的学习效果并不尽如人意。妈妈很是着急，细心观察后才发现，每当网课超过40分钟，阳阳的眼神就会变得空洞，注意力明显分散。当妈妈问及原因时，阳阳只是简单地回答"累了"。

妈妈觉得这样的效果不好，决定调整策略。她允许阳阳在每节网课结束后玩儿10分钟电脑，作为放松和调节。这一改变不仅让阳阳的学习热情重燃，学习效果也明显改善。阳阳妈妈欣慰地发现，适当的放松与调节，对孩子的学习至关重要。

为孩子设置合理的界限

关于孩子使用电子产品的问题，家长们常陷入两种极端：一是完全禁止，二是放任自流。然而，这两种做法都非明智之选。禁止可能会引发"禁果效应"，让孩子更加好奇和渴望；放任则可能导致孩子沉迷游戏，耽误学业。因此，家长应学会为孩子设立合理的界限。首先，与孩子沟通，明确学习目标，让他们明白电子产品应服务于学习。其次，共同商定使用时长，尊重孩子的意见，同时提出自己的建议，达成双方都能接受的协议。

做完作业可以玩儿半小时。

那好吧，给您！

引导孩子改变情绪化逃避，
轻松应对突发情况

> 无论是孩子还是成人，面对突如其来的任务，往往会感到措手不及，甚至心生烦躁。因此，家长要引导孩子冷静应对。情绪激动是很难把事情做好的，只有冷静地面对问题，才有可能将问题轻松解决。

遇到问题时，情绪化逃避只会阻碍成长。首先，家长要引导孩子冷静应对，放下情绪，然后对任务进行客观评估，避免承接超出能力范围的学习任务。其次，要学会放下情绪，冷静地面对挑战。现实中，总有一些孩子对自己的能力没有正确的认识，所以不拒绝别人的请求，于是给自己带来麻烦。

我想站第一排，你和我换吧！

那……你站这里吧。

为孩子设立评估环节，可以明确责任范围，做到有的放矢。这样一来，孩子行事才会更有分寸，更加果断。评估后，应勇敢拒绝无法胜任之事，合理安排可为之事，并优先处理重要任务，力求尽善尽美。

近日，老师在班级内成立了学习互助小组，想要促进同学们之间的互帮互助。小强因为成绩优异，所以被安排了一个重要任务——负责辅导同桌的数学。小强一听，十分烦躁，回家后便将此事告诉了妈妈。

妈妈知道，如果小强一直心怀抵触情绪，不仅无法解决问题，还可能让生活变得一团糟。于是，她首先引导小强放下情绪，冷静思考。对于老师突如其来的任务，小强起初并不愿意接受。经过妈妈的引导，小强认识到虽然这不是自己的责任，但帮助同桌补习的同时，也能巩固和提升自己对所学知识的掌握程度。

最终，小强在不影响自己学习的前提下，决定每周一和周三下午抽出一小时为同桌补习数学。这样既能完成老师的任务，又能提升自己的学习能力，实现了双赢。

家长要提醒并教育孩子，在处理生活琐事的优先次序时，要确保在满足自身需求的基础上，适当地回应他人的请求。这样才能做生活的主人，而不是沦为任务的奴隶。家长要教会孩子这一原则，让他们学会有效地应对生活的挑战。如果孩子缺乏应对策略，面对突发事件就会感到手足无措，甚至被生活所束缚。因此，家长不仅要告诉孩子如何生活，更要教会他们如何应对生活中的种种挑战。只有掌握了正确的方式方法，孩子才能从容地面对未来，成为真正的生活掌控者。

你看这样的安排可以吗？

我觉得非常合理。

人的成长三阶段

《非暴力沟通》一书中深刻揭示了人的成长三阶段：第一阶段是"情感的奴隶"，我们常被他人的情绪所困，误以为让他人快乐是我们的责任，从而陷入情感的泥沼；第二阶段是"面目可憎"，在迎合他人中失去自我，内心充满愤怒，对他人的情感变得漠然，不再委曲求全；第三阶段是"生活的主人"，既能满足自身需求，又能顾及他人感受。为了让孩子真正成为生活的主人，家长应引导他们从情感的桎梏中解脱出来，坚守自我，不被外界的要求所左右，保持对生活的掌控感，自由而从容地前行。

菲菲因为我不陪她生气怎么办？

你自己的感受最重要。

培养孩子的情绪自控力

培养孩子的情绪自控力至关重要。首先，要教会孩子了解并分辨自己的情绪与他人的情绪。只有意识到自身情绪的变化，才能有效地进行调控。在此基础上，孩子还应学会理解他人的情感，与他人共情，这是建立良好人际关系的基础。其次，家长需要引导孩子以合理的方式表达情绪。情绪的控制并非压抑，而是要根据情境适时地释放。孩子可以通过倾诉、哭泣等方式来宣泄情绪，但应避免大声吼叫或破坏物品等不恰当的方式。正确的情绪表达方式不仅有助于情绪的释放，还能促进孩子的身心健康和社交能力的发展。

体育课上，子涵和他的朋友们在操场上快乐地玩耍。突然，子涵一不小心摔倒了，膝盖上擦破了皮，疼得他眼泪都快掉下来了。

朋友们纷纷围上来，有的安慰他，有的拿出纸巾帮他擦拭伤口。子涵心里很感动，但他也知道自己不能因为这点儿小伤就大哭大闹。他深吸一口气，努力平复内心的情绪，然后微笑着对朋友们说："没事，我只是擦破了点儿皮，不疼的。"

子涵回到家后，妈妈看到他膝盖上的伤口，心疼地问："子涵，疼不疼？"子涵摇摇头，说："妈妈，我已经不疼了。我知道哭泣和发脾气并不能解决问题，我要学会控制自己的情绪。"

妈妈听后，欣慰地笑了。她告诉子涵，情绪自控力是一个人成长中非常重要的能力，只有掌握了它，才能更好地面对生活中的挑战。子涵点点头，决心以后要继续努力，成为一个情绪稳定、勇敢坚强的孩子。

教会孩子自己调节情绪

如果孩子不会调节情绪，便容易沉溺其中。家长应该引导他们通过积极的方式调整情绪。同时，家长要与孩子建立信任关系，成为他们倾诉情绪的港湾。还有一点要注意，情绪控制能力可通过练习得到提升。例如，生气时采用深呼吸或腹式呼吸以迅速平复情绪；愤怒时，从1默数到10以恢复冷静；难以平静时，就先把事情放下，冷静一下……通过这些练习，孩子能逐渐增强情绪的自控力，更好地应对生活中的挑战。

你要去哪儿？

我去外面冷静一下。

孩子的抗打击能力差，
适当的挫折教育少不了

抗打击能力对于孩子来说至关重要，它关乎孩子面对困境时的韧性和毅力。家长应该适当引入挫折教育，让孩子体验失败与挫折，从而培养其坚强的性格。通过挫折教育，我们可以帮助孩子更好地应对生活中的挑战，让他们在未来的道路上更加坚定和自信。

在日常生活中，孩子的抗打击能力需要家长的有意引导，家长可以给孩子一些挑战，来锻炼孩子的意志。面对孩子的挫败，要关注其情绪变化，引导孩子正确面对失败。家长要阐释失败的价值，指导孩子如何从失败中吸取教训，迈向成功。正确的引导能帮助孩子真正理解失败的意义，从而培养出面对困境的勇气与智慧。

在孩子的成长过程中，会遇到很多的问题，比如学习负担、家庭期望以及社会诱惑等。面对这些压力与诱惑，心理脆弱的孩子往往会选择逃避，甚至在成长的道路上跌倒。因此，培养孩子的心理承受力至关重要。

　　萌萌虽然学习很努力，但成绩并不好。期中考试的成绩依旧没有进步，这让她产生了深深的挫败感，甚至开始怀疑努力的意义，对学习也失去了兴趣。当妈妈提醒她完成作业时，她消极地回答："我天天写作业，成绩也没有进步，我不想写了。"

　　妈妈不想让萌萌这样消沉下去，就细心地帮她分析了期中考试的成绩。她发现，萌萌的整体成绩受英语拖累，但并不意味着她在其他方面没有亮点。妈妈安慰萌萌："孩子，你的语文成绩不是很出色吗？我们不能因为一科成绩的不理想，就全盘否定自己的努力。妈妈相信，你一定可以提高英语成绩的。"

不要在意一次的失败

　　一次的失败只是暂时的，并不代表孩子的能力不行。如果孩子没有考好，父母要冷静分析孩子的学习情况，协助他找到更高效的学习方法。让孩子学会从失败中吸取经验，这是提升学习效果、走向成功的关键。如果孩子因失败而沮丧，父母应给予他足够的空间和时间，让他独自面对失败的结果。此时，责备和讲述空洞的道理只会加重孩子的心理负担。只有让他在平静中恢复，才能为后续的学习铺平道路。父母的理解与支持，是孩子从失败中站起来、继续前行的最大动力。

理解与开导孩子

当孩子经历失败时，家长的理解与开导至关重要。要让孩子明白"失败"并非洪水猛兽，而是成长的一部分。等孩子情绪平复后，家长要协助他剖析失败的原因，总结经验和教训，避免孩子重蹈覆辙。家长应该站在孩子的角度，帮助他们摆脱消极情绪，积极面对学习。当孩子自称"不擅长"学习甚至想要放弃努力时，家长要深入分析原因。很多时候，孩子的"我不行"心理源自父母的否定与压力。因此，家长应给予孩子鼓励与支持，帮助他们树立信心，克服自卑心理，重新找回学习的乐趣与激情。

我觉得自己好没用。

怎么能这么说呢？你是最棒的！

锻炼孩子的心理承受力

强大的心理承受力是孩子成长路上的宝贵财富，它可以让孩子乐观地面对困难，并迅速从挫折中走出。具备这种能力的孩子更能抵抗诱惑，耐心等待。然而，心理承受力并非天生就有的，需要孩子后天练习。家长应该鼓励孩子独立面对挑战，经历挫折，锻炼心理承受力。当孩子遭遇困境时，妈妈不应该强求孩子坚强，而应允许其宣泄情绪，适当释放压力，保持心理健康。如此一来，孩子方能在成长的道路上更加坚忍，无畏前行。

这天放学时，晨晨走在回家的路上，偶遇了同班同学小伟。小伟兴奋地拿出了他的弹弓，立刻引起了晨晨的极大兴趣。他们正在研究怎么打树上的小鸟时，班主任出现了，不但严厉地训斥了他们，还批评晨晨不学好。

晨晨被老师的批评深深刺痛，心中充满了不快。回到家后，他跟妈妈说不想再去上学了。妈妈察觉到了晨晨的异常，经过一番询问，才得知了事情的缘由。妈妈意识到，晨晨的心理承受力如此脆弱，很大程度上是因为家里一直溺爱他，让他生活在安逸的环境中，从未经历过挫折。

确实，如果孩子一直生活在无忧无虑的环境中，他们的心理承受力就得不到锻炼。一旦遭遇责备或批评，就容易产生心理问题。因此，妈妈应该适度地让孩子面对一些困难和挑战，让他们的心理承受力得到锻炼和提升。

避免孩子产生自卑心理

科学陪伴对孩子的心理健康成长至关重要，家长应花时间去了解孩子，帮助他们克服自卑心理，培养自信心。为了避免孩子产生自卑心理，家长在生活中需做到以下几点：首先，切忌将孩子与他人比较，以免孩子形成自我否定的观念。其次，尊重他们的自尊心，避免当众批评他们，以免孩子感到委屈和自卑。再次，父母要发现并强调孩子的优点，让他们认识到自己的价值。最后，家长应尊重孩子的观点，认真倾听他们的意见，给予肯定和鼓励，让孩子感受到被重视和被认可，从而建立自信。

宝贝，你太厉害啦！

妈妈，我拿到了进步之星！

接纳孩子的畏难情绪，
引导孩子勇敢解决难题

当孩子在挑战面前表现出退缩时，背后往往隐藏着两个核心因素。首先，可能是任务的难度对孩子来说过高，导致他们感到难以应对。其次，孩子可能受到内心负面情绪的干扰，使他们觉得挑战重重，难以克服。作为妈妈，我们需要细心洞察孩子畏难情绪的真正原因，并提供有针对性的支持和指导。

为了帮助孩子克服畏难情绪，我们需要根据具体情况灵活应对。如果任务难度确实过大，我们可以协助孩子分解任务，找到逐步解决问题的方法。而对于因心理因素导致的畏难情绪，关键在于激发孩子的行动力。孩子们在刚开始面对新任务时往往最容易感到害怕，但只要我们引导他们迈出第一步，他们往往会发现困难并非想象中那么难以克服。

这些题好难，我可以不写吗？

遇到困难不能逃避，要认真思考！

孩子之所以频繁地感到畏难，是因为他们的内心已积压了太多的消极情绪——诸如悲伤、不安和焦虑。这些情绪的积累如同堆积如山的重压，让孩子在面对挑战时感到力不从心。因此，作为妈妈，我们需要以更加敏锐的洞察力去感知孩子的情感波动，及时为他们提供情绪上的慰藉和疏导。通过陪伴、倾听和正面的引导，帮助孩子释放内心的压抑，从而激发他们面对困难的勇气和力量。

小舒是个初中生，语文成绩不尽如人意。每当面对语文作业时，他如同面对难以逾越的高山，内心充满了抵触。他坦言，语文对他来说太难了，尤其是阅读题，常常让他无从下手。

面对小舒的困扰，妈妈没有选择放弃。她耐心地询问小舒，发现阅读题是他的痛点。于是，妈妈每天都坚持为小舒讲解阅读题，帮助他理解文章背后的深层含义。另外，妈妈还鼓励小舒多读课外读物。经过两个月的努力，小舒的阅读水平终于有了显著的提高。这个转变，不仅提升了小舒的语文成绩，更让他重拾了对学习的信心。

这个例子告诉我们，父母的陪伴与引导至关重要。我们要帮助孩子提升自信心，让他们在困境中不断成长，最终战胜困难，迎接胜利。

接纳孩子的情绪

当孩子面对困难而心生畏惧、情绪波动时，他们其实是在排放内心压抑已久的情绪。若父母在此刻选择责备或是给予不恰当的慰藉，都可能打断孩子的情绪释放。可以想象，如果孩子的情绪每次只能释放十分之一，那么余下的九成情绪依然沉淀在心底。一些日常的小事，如尝到不喜欢的食物或是与玩伴意见相左，都可能使内心的情绪压力瞬间满溢，令人感觉孩子总是易怒。作为父母，我们应当真心接纳孩子的所有情绪，给他们鼓励和安慰。只有当内心积攒的情绪彻底清空，孩子才能重新找回那份阳光与快乐，从而更加坚韧地去迎接每一个挑战。

我今天已经很累了！

那就请假休息一天吧。

"轻推"孩子

当孩子的情绪起伏不定时，一个有效的方法是利用游戏来调整他们的心情。游戏能够吸引孩子的注意力，提供轻松愉快的氛围，帮助他们从紧张或焦虑的情绪中解脱出来。无论是角色扮演、益智游戏还是户外运动，都能让孩子在玩要中释放压力，增强自信心，培养解决问题的能力。这样的游戏体验不仅有助于孩子放松身心，还能促进他们情感的发展，使他们在游戏中找到乐趣和满足感，从而调整并改善自己的情绪状态。

今天为什么有礼物呀？

这是对你认真学习的奖励哦！

惩罚只会加重孩子的情绪

没有人喜欢被惩罚，孩子更是如此。频繁的惩罚不仅会给孩子造成心理负担，还可能使他们产生恐惧心理。当孩子写作业前开始表现出焦虑、心神不宁时，家长应保持冷静，避免用严厉的言辞或打骂来加重孩子的紧张情绪。相反，家长应该给予孩子理解和支持，让他们知道不管作业完成的情况好与坏，都不会受到责备。这样做有助于消除孩子的紧张情绪，让他们更加自信地面对作业。只有当孩子感到被信任和被支持时，他们才能更加专注、高效地完成作业，从而取得更好的学习效果。

可可是个聪明的孩子，但每次写作业时总是面露难色，妈妈看在眼里，急在心上。她知道可可并不是不会，而是对难题产生了畏难情绪。

一天，妈妈决定陪可可一起写作业。她先耐心地听可可讲述自己的困惑，然后温和地告诉他："其实这些题目并不难，只要你静下心来思考，一定能解决。"

接着，妈妈开始引导可可一步步分析题目，帮助他找到解题的突破口。可可在妈妈的陪伴下，逐渐找回了自信，思路也变得清晰起来。

最后，当可可成功地解决了一道难题时，他兴奋地抱住妈妈说："妈妈，原来我真的可以做到哇！"妈妈微笑着抱住可可，她知道，这次成功的经历会让可可更加勇敢地面对未来的挑战。从那以后，可可写作业时再也没有了畏难情绪，而是充满了自信和勇气。

用外化的方法消除畏难情绪

想要消除畏难情绪，可以尝试用外化的方法，比如可以让孩子描述自己心中的畏难情绪，说说它是怎样的感觉、对自己有怎样的影响。通过这样的办法，孩子能够更清晰地认识问题，找到应对方法。同时，家长要给予正面反馈，增强孩子的自信心。这样一来，孩子就能逐渐学会应对问题，形成正向循环，取得更大的进步。家长可以通过引导孩子思考和表达自己的想法，帮助他们更好地应对生活中的问题。

我上课总感觉有瞌睡怪在旁边盯着我。

那我们想办法一起赶走它好不好？

学会适度放手，不要过度控制你的孩子

> 许多父母误以为孩子自控力差是因为管教不严，其实并非如此。长期监督和强迫服从，会导致孩子失去学习自我控制的能力，只能盲目顺从他人。真正的教育应给予孩子适度的自由与选择，让他们在实践中学会自我控制。

自控力，即自我控制的能力。自我控制力强的孩子在学习和生活中更加自律，更受老师喜爱，也更容易获得友谊。此外，长期跟踪研究表明，3~5岁能自我延迟满足的孩子，日后在学业、社交及应对困难等方面都表现得更佳。

培养孩子的自控力，旨在引导他们在面对问题时心态平和，更好地解决问题。具备强大自控力的孩子，更懂得耐心等待，并从中获得更为丰富和优质的成果。

每当天天背着书包踏入家门时，妈妈的叮嘱就如影随形："别看电视，别碰玩具，先写作业。"妈妈的关爱和期望，在天天看来，却像是一座座无形的山，压得他喘不过气。

他坐在书桌前，面对着堆积如山的作业，心里充满了抗拒。他的笔尖在纸上缓缓移动，仿佛在诉说着自己的不满。厨房里，妈妈忙碌的身影和时不时传来的催促声，更让天天觉得烦躁不安。

吃饭时，天天也是一副心不在焉的样子。他的心思早已飘到了远方，那些被妈妈限制的活动，那些他渴望的自由时光。他只是想通过这种方式，让妈妈知道他的感受，知道他对这种被过度约束的生活有多么不满。

不要过度管教孩子

每位父母都对孩子有着深切的期望，希望他们能按自己的意愿行事，稍有偏差便心急如焚。然而，长期的控制往往使孩子的情绪积压，进而影响其性格与观念的形成。

孩子虽小，却同样渴望拥有自主的时间和空间。如果家长一味发号施令，不顾孩子的感受，那么，他们的自主性又从何而来呢？

对于孩子的教育，过与不及都是失职。放任自流固然不可取，但过度管教同样有害。因此，我们需重新审视自己的教养方式，给予孩子适度的自由与尊重。

你最近怎么越来越不听话？

我在家都喘不上气了！

和孩子做朋友

放下权威，和孩子做朋友，是每个家长都应当学会的智慧。面对孩子的"不听话"时，请换位思考，感受那份被强迫的无奈。让我们放下架子，与孩子平等对话，尊重他们的选择，用建议代替命令。这样的转变将会减少孩子的抵触情绪，增添温馨的氛围。你会发现，孩子并非你想象中那般不完美，只需稍加引导，他们便能展现出惊人的能力。与孩子成为朋友，你将会看到他们自主性的增强、自控力的提升，共同书写美好的成长篇章。

> 我不是故意打碎杯子的！

> 没关系，你没受伤就好。

学会放手

学会放手，让孩子独立尝试，是每位父母必须学会的智慧。过度的溺爱和包办代替，只会剥夺孩子自我成长的机会。父母适当的关心与照顾，如同阳光雨露，滋润着孩子茁壮成长；过度的照顾如同枷锁，束缚孩子的翅膀。因此，我们要学会适度放手，让孩子在尝试中成长，在挑战中锻炼自我控制的能力。只有这样，他们才能逐渐变得独立、自主，勇敢地面对未来的风雨。

周六早上，小康妈妈决定让小康自己尝试做一次简单的早餐——煎蛋。小康起初有些紧张，毕竟这是他第一次独立操作厨房设备。但妈妈鼓励他，只要他按照步骤进行，就一定能做好。

小康小心翼翼地打开煤气灶，调好火候，然后磕开鸡蛋，缓缓倒入锅中。他紧张地观察着锅里的变化，生怕鸡蛋煎煳了。妈妈则在旁边轻声指导，告诉他如何翻动鸡蛋，如何掌握火候。

经过一番努力，小康终于煎出了两面金黄的鸡蛋。他兴奋地端给妈妈品尝，妈妈夸赞他做得很好。小康感到无比自豪，他意识到原来自己也可以独立完成一些事情。

这次尝试让小康变得更加自信和独立。他明白了，只要勇敢尝试、努力学习，就能掌握新技能，成为更好的自己。妈妈也深感欣慰，她知道这次小小的尝试，将为小康未来的成长奠定坚实的基础。

给孩子更多的理解和宽容

孩子的世界与成人的截然不同，充满了稚嫩与未知。当我们以成人的标准去评判他们的行为时，往往会忽略他们成长中的跌跌撞撞。孩子犯错在所难免，这是他们成长的一部分。作为父母，我们应给予孩子更多的理解和宽容，而非一味指责与批评。宽容能让我们更贴近孩子的心灵，成为他们值得信赖的朋友，引导他们健康成长。同时，宽容也能激发孩子的积极心态，让他们变得更加自信与自立。要想培养真正独立、有自控力的孩子，我们需要站在他们的角度，理解他们的需求，给予他们自由与空间。过度的包办只会让孩子失去自我，无法实现自己的人生目标。

怎么又没夹起来！

慢慢来，先用勺子吃吧。

正视孩子情绪的失控，引导孩子保持冷静

很多孩子的情绪十分脆弱，稍有不如意，便会情绪失控。想象一下家中常有的画面：孩子撒娇要吃巧克力，被拒绝后便哭闹不止；孩子要求陪伴玩游戏，一旦受阻，便愤怒地扔掷物品。这些失控的情绪，正是孩子内心脆弱的体现。我们需要耐心引导，让孩子学会理智与自控。

心理学研究表明，情绪对人的决策与行为有着深远影响。如果孩子无法驾驭情绪，就容易受外界干扰，难以专注。因此，我们应引导孩子学会控制情绪，培养自控力，成为情绪的主人，这样孩子才能冷静、从容地应对生活中的种种挑战。

她想要什么就给她吧。

不行，让她自己先冷静下来。

一旦孩子情绪失控，可能会大喊大叫，不听父母的话。但是要注意的是，如果与亲近的父母在一起都难以控制情绪，那么在与外人相处时将会更令人担忧。其他人不会迁就孩子，孩子就更易被激怒，一旦失控，可能造成不好的后果。因此，父母应尽早对孩子进行"自控力教育"。

欣欣是个活泼的女孩儿，但常常因为小事发脾气。妈妈决定帮助她学会控制情绪。

一天，欣欣因为玩具坏了大哭不止。妈妈轻轻抱住她，说："宝贝，玩具坏了可以再买，但发脾气解决不了问题。"欣欣听后虽然还有些伤心，但渐渐停止了哭泣。

妈妈又拿出一张情绪表，告诉欣欣每种情绪对应的表情。她告诉欣欣，当生气时，可以尝试深呼吸，想象美好的事物来平复心情。

渐渐地，欣欣开始尝试用妈妈教的方法处理不好的情绪。当再次遇到不如意的事，她会深呼吸，然后告诉自己："我可以冷静。"

随着时间的推移，欣欣的情绪越来越稳定，她变得更加自信和快乐。妈妈很欣慰，她知道欣欣已经学会了控制自己的情绪，这将是她未来成长道路上宝贵的财富。

给孩子时间和空间

对于孩子来说，冷静往往是一项挑战。他们的情绪像夏日的雷阵雨，来得快去得也快。当孩子情绪失控时，可以给予他们时间与空间，让情绪得以自我平复，不失为一种明智之举。有时，过多的干涉反而会激起更大的矛盾。若情况确实难以掌控，我们暂时远离，让孩子失去发脾气的对象，他们的情绪往往就会自然平息。此刻，我们不必急于对孩子进行教育，给予他们足够的时间，待情绪稳定后再进行沟通，可能会收到更好的效果。这样一来，我们既尊重了孩子的情绪，又给予了他们成长的空间。

你不能和长辈大呼小叫。

我就要看电视！

引导孩子控制情绪

孩子们往往误以为发脾气只是宣泄情绪，但实则坏脾气带来的后果远不止于此。坏脾气不仅伤身伤心，还可能让周围的人感到不悦，甚至影响对问题的正确判断和解决。因此，我们需要引导孩子认识到这些负面影响，鼓励他们思考并寻找控制情绪的方法。深呼吸、喝水等小技巧都有助于他们平复情绪。当然，对于孩子的情绪控制，我们不必过于苛求，只要他能够控制破坏力，避免过度失控即可。毕竟真正的情绪控制需要孩子在今后的人生中不断磨炼和提升。

想发脾气前做三组深呼吸。

好的，知道啦。

引导孩子应对问题

孩子之所以情绪失控，往往是因为不知如何处理问题。家长应引导孩子学会应对，抑制情绪爆发。同时，培养宽容的心态，对小事不计较，眼光放长远。尤其是女孩子，有时过于敏感，一句不中听的话也能记挂许久。家长要告诉她，生活中有更多快乐值得追求，不必因他人言语而气恼。我们可以结合女孩子的实际情况，让她认识自己的情绪，并讲述情绪管理的故事，帮助她区分好坏情绪，初步了解正确的应对方法。通过引导与教育，孩子将逐渐学会处理情绪问题，成长为更加理智成熟的人。

有一天，彤彤因为玩具被弟弟弄坏了而大哭大闹。妈妈见状，轻轻抱住她，温柔地说："宝贝，我知道你很伤心，这个玩具对你来说很重要。但哭闹并不能解决问题，还会让弟弟感到害怕。"

彤彤听了妈妈的话，渐渐止住了哭声，但还是嘟着嘴表示不满。妈妈耐心地引导她："我们可以试着深呼吸，让心情平静下来。然后，我们一起想办法解决问题，比如修理玩具或者再买一个。"

彤彤按照妈妈的建议，深呼吸了几次，情绪果然平复了许多。接着，她和妈妈一起讨论如何解决这个问题。最后，她们决定一起修理玩具，妈妈还答应下次带她去挑选一个新玩具。

通过这次经历，彤彤学会了控制自己的情绪，不再轻易发脾气，妈妈也深感欣慰。

教会孩子表达与处理情绪

每个家长都期望孩子能够健康快乐地成长，而情绪的表达与处理则是他们成长道路上不可或缺的一课。面对孩子的情绪，尤其是负面情绪，家长应保持冷静与理智，但绝非置之不理，而是要表示关心与理解。家长应允许孩子适当地发泄情绪，并引导他们用言语来表达内心的感受。之后，家长可以根据具体情境，告诉孩子要适当地表达情绪，可以让他人更好地理解自己，并愿意伸出援手。同时，家长也可以教给孩子一些处理情绪的方法，如转移注意力等。

提升孩子的自律意识，
让他们学会自我管理

自律，即孩子能够自主约束和管理自身的行为。具备自律意识的孩子，能够自觉地在规定的时间内完成既定任务。这样的孩子，学习无须父母过多催促，他们早已合理地规划好学习与娱乐的时间，展现出高效与自主的学习态度。

作为家长，我们深知世界纷繁复杂，孩子在成长过程中面临的诱惑与危险层出不穷。我们无法永远守护他们，只有培养其自律品质，才能使他们从容地应对各种挑战。因此，我们需放下焦虑，放手让孩子成长。唯有如此，他们才能学会自律。

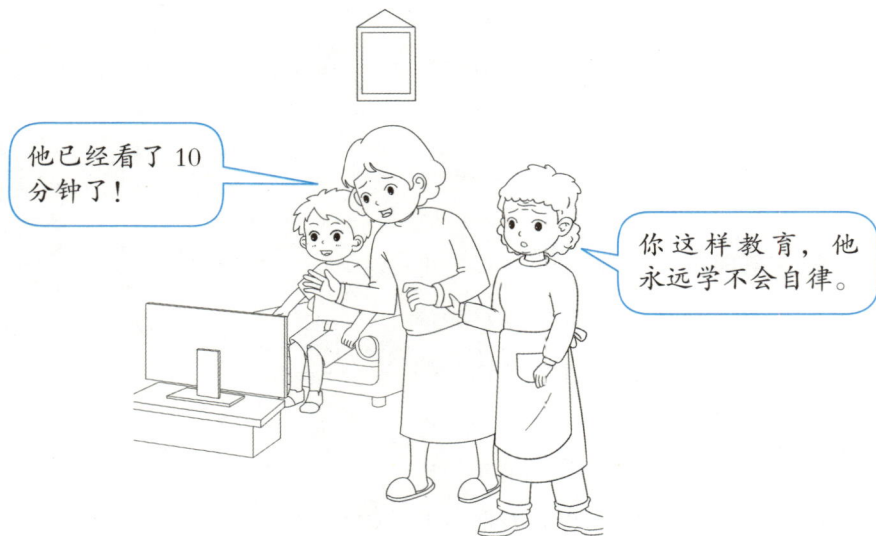

他已经看了 10 分钟了！

你这样教育，他永远学不会自律。

自律的孩子能抵御诱惑，避开风险；能勇于担当，善于抉择；更能拓宽人生格局，拥抱更广阔的世界。拥有一个自律的孩子，无疑是人生一大幸事。因此，父母应尽早培养孩子的自律性，助其成长。

　　小希和妈妈一同走进超市，一见到琳琅满目的玩具，她就被深深吸引住了。她眼中闪烁着对布娃娃的渴望，对动漫玩偶的喜爱，对小汽车的向往。妈妈见状，并未严厉地斥责，而是温和地引导她思考。她轻声说："小希，你看的这些玩具，咱们家里都有类似的了。如果你真的想要，不如选一个从未玩过的、特别有趣的玩具。"小希仔细考虑后，想买一把泡泡枪。妈妈微笑着说："这次我们就买泡泡枪吧，妈妈也觉得这个更有趣。不过，你这个月买玩具的额度已经用完了。"小希听后，满心欢喜地点点头。自此以后，每当和妈妈逛超市，她都不再纠缠于买玩具，而是学会了理智和选择。

放手让孩子解决问题

　　自律性在孩子的学习生活中起到至关重要的作用。具备自律性的孩子会主动学习，合理安排时间，高效完成作业，享受无忧玩耍的乐趣。那些缺乏自律的孩子，往往是被迫学习，情绪消极。培养孩子的自律性不仅是让他们自主学习，更是让他们轻松地面对生活。成长就是一个不断解决问题的过程，孩子主动面对问题，能激发潜能，学会自律。父母应放手让孩子去解决问题，这样他们才能在实践中学会自律，进而用自律去解决更大的问题。

不行，只能选择一个哟。

我两个都想吃。

如何培养自律的孩子

要培养出自律的孩子，父母的引导至关重要。作为孩子的第一任老师，父母的言行举止都是孩子学习的榜样。因此，父母自身的自律行为会潜移默化地影响孩子，让他们学会如何控制自己的欲望和行为。同时，父母不应该轻易满足孩子的每一个愿望，而是应该教会他们延迟满足的重要性。通过让孩子学会忍耐和等待，可以逐渐培养出他们自我控制的能力，这对于未来的学习和生活都至关重要。

给予孩子适当的选择权

父母应该给予孩子适当的选择权，让孩子在有限的范围内做出自己的决定，这有助于培养孩子的自主性和责任感。同时，父母要尊重孩子的选择，不要随意干扰或替孩子做决定，以免影响孩子的自我认同和自律性发展。另外，父母也要注意说话方式，通过给孩子提供建议而非命令，可以让孩子更容易接受并理解道理，进而更好地掌握自律的技巧。

　　星期天的晚上，小强一直在看动画片。妈妈见他还有很多作业没写完，很是生气，说了他几句。这让他心生不满，做作业时也变得烦躁不安，作业本被划烂，笔也频频折断。妈妈见状，便用另一种方式与小强沟通，她温柔地告诉小强："宝贝，写完作业再来看电视吧。"这样的语气，或许能平息小强的情绪，让他更愿意听从。

其实，妈妈的后一种做法并没有改变要求小强先做作业的事实，但给人的感觉截然不同。它没有激发孩子的反抗情绪，反而引导他思考、选择。当小强提出疑问时，妈妈可以耐心解释："孩子，世界上的事情往往都是先付出才有收获。先做作业再看电视，不仅是对自己的训练，更是对未来的负责。相信你一定能够做到。"这样的对话，既尊重了小强的想法，又引导他去理性思考，最终让他心甘情愿地去完成作业。

不要强行控制孩子

在孩子的生活中，我们无法掌控许多领域，强行控制只会适得其反。真正的约束，应聚焦于我们可控的领域，同时给予孩子选择权。真正的自律源于自主，如果孩子无法选择，又怎会懂得自律的重要性？我们要允许孩子犯错，因为这是他们成长的一部分。小时候的错误代价最小，让孩子自主决策，即使选错，也能在承受范围内学会自律。这样一来，当孩子长大时，他们将能更好地控制冲动，承担责任，避免重蹈覆辙。因此，父母应给予孩子自主成长的空间，让他们在错误中学会自律，成长为更加成熟和自律的人。

以后还穿裙子出来吗？

再也不穿了！

读后感

读完本书，作为妈妈的你有什么感悟呢？你的孩子又有怎样的收获呢？快和孩子一起写下来吧！